U0633136

蒙以養正聖功也

顏真卿

出自《周易·蒙卦》（集自颜真卿碑帖）

中华优秀传统文化与德育教育创新系列丛书

中华十德

国学经典情境体验教育系列读本 卷十九

主编 李若缘 岳红云

中国人民大学出版社
·北京·

图书在版编目（CIP）数据

中华十德国学经典情境体验教育系列读本．卷十九／李若缘，岳红云等主编．—北京：中国人民大学出版社，2017.1

ISBN 978-7-300-23730-5

Ⅰ．①中… Ⅱ．①李… ②岳… Ⅲ．①中华文化－小学－教学参考资料 Ⅳ．① G624.203

中国版本图书馆 CIP 数据核字（2016）第 285598 号

中华优秀传统文化与德育教育创新系列丛书

中华十德国学经典情境体验教育系列读本 卷十九

主编 李若缘 岳红云

Zhonghua Shide Guoxue Jingdian Qingjing Tiyan Jiaoyu Xilie Duben Juan Shijiu

---

出版发行	中国人民大学出版社		
社　　址	北京中关村大街 31 号	**邮政编码**	100080
电　　话	010－62511242（总编室）		010－62511770（质管部）
	010－82501766（邮购部）		010－62514148（门市部）
	010－62515195（发行公司）		010－62515275（盗版举报）
网　　址	http://www.crup.com.cn		
经　　销	新华书店		
印　　刷	涿州市星河印刷有限公司		
规　　格	185mm×230mm 16 开本	**版　　次**	2017 年 1 月第 1 版
印　　张	15.75	**印　　次**	2017 年 1 月第 1 次印刷
字　　数	134 000	**定　　价**	35.00 元

中华十德国学经典情境体验教育系列读本 卷十九

编委会

弘揚中華
文化傳承
民族美德

弘扬中华文化 传承民族美德

党的十八大以"两个一百年"作为奋斗目标铸就"中国梦"。习近平主席提出，要从中华优秀传统文化中汲取丰富的营养，形成极具生命力和影响力的社会主义核心价值观。

为帮助中、小学了解和掌握国家关于开展中华优秀传统文化经典教育的政策和新趋势，交流新经验，解决国学学什么？怎么学？国学教什么？怎么教？等问题，"中华十德国学经典情境体验"教育项目教研中心特别成立了《中华十德国学经典情境体验教育系列读本》编写委员会，在两岸学术名家和权威名师的指导下，历时数年，研发了全系列教学讲义。以全人教育（健全品格教育）与全息教育（内容涵盖经、史、子、集）为特色，旨在促进文化传承、品格塑造。经典解析力求学术纯正、内容系统。

作为由中国人民大学国学院提供学术支持的教育项目，该项目的核心课程"中华十德国学经典情境体验教育"已成为多所国学经典教育试验学校和示范学校的国学经典、品德教育校本课教材。本课程在教学实践过程中，获得各学校师生及家长的一致好评。本套读本中《论语》等部分经典解析出自台湾大学哲学系傅佩荣教授的《傅佩荣经典译解系列图书》，在此特向傅佩荣教授热心提供学术支持深致谢意！近年来，教研中心与各合作学校共同发起成立了中华十德国学经典教育学校联盟，我们携手两岸三地国学名家，为建立学术合作的中、小学提供了国学经典教育优秀教师系统培训计划。

为了全面提升国学经典教育优秀教师的课堂教学，熟悉经典教育的教学步骤和方法，应各校要求，编委会编著了本套系列读本。在国学名家、当代家庭教育专家、儿童和青少年心理学专家学术指导下，我们精心设计研发了兼具趣味性、参与性、体验性和实用性的本套读本。力求通过系统的体验学习，使儿童和青少年发自内心地体会到中华优秀传统文化对品格塑造和人文素养提升的重要性，掌握为人处世、沟通交流、观察思考、应变应对、独立自理等技能常识，并运用到日常生活中，同时拥有自信谦恭、坚定坚持、学习励志、尊老敬贤、仁爱爱人的传统美德，成为具备良好德行的社会英才。

中华民族必将在传统文化精华的基础上创造出我们时代的璀璨新文化。昌明学术，接续文脉。我们致力于为中华优秀传统文化的未来发展做出自己应有的贡献。

《中华十德国学经典情境体验教育系列读本》编写委员会
2016年3月

目录

中华十德　一

第一单元・与人为善即为仁　二

第二单元・厚德博学即为义　二二

第三单元・不为已甚即为礼　四二

第四单元・知人论世即为智　六六

第五单元・自重自强即为信　八六

第六单元・素位而行即为忠　一〇六

第七单元・不俭其亲即为孝　一二八

第八单元・不视恶色即为廉　一五〇

第九单元・循欲忘理即为耻　一七〇

第十单元・刚大弘毅即为勇　一九二

附　录・经典诵读　二一三

中华十德

弘扬中华文化　传承民族美德

仁	博爱宽恕之道	义	明宜守正之道
礼	律己敬人之道	智	知己识人之道
信	诚己信人之道	忠	立人达人之道
孝	怀德感恩之道	廉	品行方正之道
耻	自尊荣誉之道	勇	自强果敢之道

昌明学术　接续文脉

第一单元

与人为善即为

结草报恩

春秋时期，秦桓公侵伐晋国，晋国大将魏颗出师抵御。秦军大力士杜回非常勇猛，无人能敌。眼看魏颗将要落败，这时突然出现一个老人，以草结绳，绊住了杜回。杜回跌倒被擒，晋军大胜。得胜收兵后，魏颗到处寻找老人，但却没有找到。

这天晚上，魏颗梦到了老人。老人对他说："你保全了我女儿，所以你在作战时我来帮你，以此报答你的恩情。"当初，魏颗的父亲魏犨 [chōu] 有一个宠妾，没有生过儿子。按那时的风俗，没生过儿子的妾在丈夫死后可以改嫁；但大人物死前，往往会立遗嘱要求生前宠爱的人殉葬。后来，魏犨生病了，指着宠妾对儿子说："我死后你让她改嫁吧！"弥留之际，魏犨又指着宠妾说："我死了，你一定要让她殉葬。"魏犨死后，魏颗安排宠妾改嫁，并对别人说："父亲清醒时，允许她改嫁；后来昏迷，才说让她殉葬。我应该遵从父亲清醒时的想法。"

原来，这位老人就是那个宠妾的父亲。

品格修养

与人为善即为仁

【释析】仁是我们本有的光明德性，它只有通过扩充长养，才能葆而不失以至成熟。长养仁最好的方法莫过于“与人为善”。所谓“与人为善”，就是偕同别人一起去做善事。

人物链接 唐·狄仁杰

人物简介

狄仁杰（630—700），字怀英，并州太原（今山西太原）人，唐代、武周政治家。

武后谓曰："卿在汝南有善政，然有谮[zèn]卿者，欲知之乎？"谢曰："陛下以为过，臣当改之；以为无过，臣之幸也。谮者乃不愿知。"

——宋·欧阳修等《新唐书》

狄仁杰宽仁大度

狄仁杰是武则天当政时期的一位贤相。他做豫州刺史时办事公平，政绩卓著。有一次武则天突然向狄仁杰发问说："有人到朝廷里来说你的坏话，揭你的短儿，给你乱加罪名。你想知道是谁诬告你吗？"狄仁杰不假思索，坦坦荡荡地说："陛下若以小臣为有过，小臣自当改正；陛下若以小臣为无过，则是小臣的幸运，小臣自当勉励。至于别人到圣驾面前说小臣的坏话，让他说好了，小臣不想知道他的姓名。"狄仁杰的一番话，让武则天深受触动，她感慨地说："怀英是一位忠厚长者啊！"

狄仁杰不记私仇，大度容人的品质，使得武则天更加器重他了。

追根溯源

金文

小篆

隶书

楷书

《说文解字》："与（與），党与也。从舁 [yú] 与。"

【字源分析】"与"的金文字形，象一个人手中拿着物品递给另外一个人。

【本　　义】结交；赠与。

【引 申 义】赞许；支持。

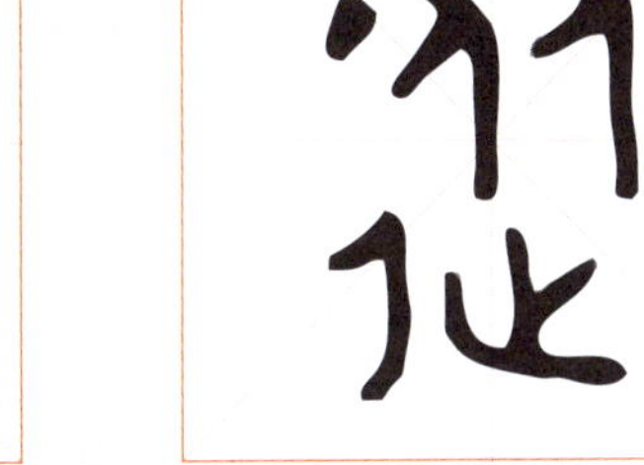

甲骨文　金文

小篆　隶书

《说文解字》:“从（從），随行也。从辵 [chuò]，从从，从亦声。”

【字源分析】“从”的甲骨文字形，象一人在前一人在后，表示后面的人跟着前面的人走。

【本　　义】两人前后相随而行。

【引 申 义】参与；听取；遵照。

与人为善

取诸人以为善，是与人为善者也。

——《孟子·公孙丑章句上》

【释义】与，偕同。原指偕同别人一起做好事。现指善意对待、帮助别人。

吸取众人的优点来自己行善，就是偕同别人一起行善。

【找一找】下面的成语，哪些是“与人为善”的近义词？哪些是“与人为善”的反义词？请把它们找出来。

善与人同　　舍己从人　　择善固执

居心叵测　　行善积德　　包藏祸心

【组词】

根据提示，把下面的空白填充完整。

（　）人（　）善　　善（　）（　）交　　（　）善固（　）

经典诵读

孟子

孟子曰："子路，人告之以有过，则喜。禹闻善言，则拜。大舜有大焉[1]，善与人同[2]，舍己从人，乐取于人以为善。自耕稼、陶、渔以至为帝，无非取于人者。取诸人以为善，是与人为善者也[3]，故君子莫大乎与人为善。"

——《公孙丑章句上》

【注释】①有：同"又"。②善与人同：与人共同做善事。③与人为善：与：偕同。

【译文】孟子说："子路，别人把他的错误指点给他，他便高兴。大禹听到了善言，他就给人敬礼。伟大的舜更是了不得，他对于行善，没有别人和自己的区分，抛弃自己的不是，接受人家的是，非常快乐地吸取别人的优点来自己行善。从他种庄稼、做瓦器、做渔夫一直到做天子，没有一处优点不是从别人那里吸取来的。吸取别人的优点来自己行善，这就是偕同别人一道行善。所以君子最高的德行就是偕同别人一道行善。"

【解析】

君子以“善”为天下公共的事物，所以他为善的心思并没有界限。因为没有界限，所以君子能有为善之勇，一旦看到一个“善”就能马上实践出来，这就是孟子说的“与人为善”。人能“与人为善”，则德行可以日臻完美，而过差也可以日渐减少，离圣贤的境地也会越来越近。孟子把“与人为善”说成是实践“仁”的最好方法，就是这个道理。

围炉夜话

见人行善，多方赞成；见人过举①，多方提醒，此长者待人之道也。

闻人誉言，加意奋勉；闻人谤语②，加意警惕，此君子修己之功也。

【典籍简介】《围炉夜话》是明清时期著名的文学品评著作，作者是清代人王永彬。作者虚拟了一个冬日拥着火炉，至交好友畅谈文艺的情境，使本书语言亲切、自然、易读。《围炉夜话》分为221则，以“安身立业”为总话题，分别从道德、修身、读书、安贫乐道、教子、忠孝、勤俭等十个方面，揭示了“立德、立功、立言”皆以“立业”为本的深刻含义。本书与《菜根谭》《小窗幽记》并称为“处世三大奇书”。

【注释】①过举：错误的行为。②谤语：毁谤的言语。

【译文】见到他人有良善的行为，多多地去赞扬他；见到他人有过失的行为，多多地去提醒他，这是忠厚之人待人处世的道理。听到他人对自己赞美的言语，就更加勤奋勉励；听到他人有毁谤自己的话，要更加留意自己的言行，这是有道德的人修养自己的功夫。

颜氏家训

与善人居，如入芝兰之室[①]，久而自芳也；与恶人居，如入鲍鱼之肆[②]，久而自臭也。

【典籍简介】《颜氏家训》是中国历史上第一部内容丰富、体系宏大的家训，也是一部学术著作。作者颜之推，南北朝时期著名文学家、教育家。

【注释】①芝兰：灵芝，兰草或香草。②鲍鱼：盐腌的鱼。

【译文】和德行高洁的人共处，就像进入长满灵芝和兰花的屋子，慢慢地自己也就变得和他一般芬芳了；和品行低劣的人共处，就像进入卖咸鱼的铺子，久而久之自己也和他一样臭了。

情境剧场

吕蒙正不记人过

宋代宰相吕蒙正不喜欢记着别人的过失。他初任参知政事时，有一天进入朝堂，一位中央官吏在朝堂帘内指着吕蒙正说："这小子也当上了参知政事呀？"吕蒙正就装作没有听见地走过去了。与吕蒙正同在朝班的同事非常愤怒，下令查问那个人的官位和姓名。吕蒙正急忙制止，不让查问。下朝以后，那些与吕蒙正同在朝班的同事仍然愤愤不平，后悔当时没有彻底查问。吕蒙正则说："一旦知道那个人的姓名，则终身不能忘记，不如不知道那个人的姓名为好。不去追问那个人的姓名，对我来说也没有什么损失。"当时的人都佩服吕蒙正的度量。

典故解析

武王归马，裴度还犀。

——《龙文鞭影 · 八齐》

【译文】周武王灭商后马放南山，仁民爱物；裴度把犀牛带还给失主，积累功德。

【典故背景】

武王归马：武王即周武王姬发。周武王在太公望辅助下灭商，灭商后他准备实行礼乐教化、停止武力征伐，于是就放马于华山之南，放牛于桃林之野，向天下表示不再使用。

裴度还犀：唐代裴度，相士曾说他将来会因饥饿而死。裴度在游香山寺时，拾得犀牛带一条，还给了失主。失主是一名妇女，正准备带犀带去救获罪的父亲，因此对裴度感激不尽。先前的相士再次见到裴度，说他“积有阴德，将要大贵”。后来裴度果然大贵，几次担任宰相。

天对地，雨对风。大陆对长空。
山花对海树，赤日对苍穹。
雷隐隐，雾蒙蒙。日下对天中。
风高秋月白，雨霁晚霞红。

——《笠翁对韵 · 一东》

【找一找】

1. 找到本段经典中的叠字对，并找到其他字替换叠字部分使其仍能对仗。

2. 在“大陆”和“长空”后面各加三个字而上下联仍能对仗，你能做到吗？

【名联赏析】

三顾频烦天下计；
两朝开济老臣心。

这是杜甫游历成都武侯祠时所作《蜀相》诗中的名句。

“三顾频烦”用了刘备“三顾茅庐”的典故，意在写刘备的知人善任，始终不渝；“两朝开济”则写了诸葛亮不忘托孤之重的图报之诚。上下两联对仗工整，一气呵成，同时又情真意切，读来令人动容。

脍炙人口的宋词

词最早属于诗歌的一种，别名“诗余”，又名“长短句”，盛于宋代，故名宋词。

词兼有文学与音乐两方面特点，可作为合乐歌词，所以又被称为“曲子词”“乐章”“琴趣”。每首词都配有一个曲调名，称之为“词牌”。每一个词牌都反映着一定的声情，因此宋词成为继唐诗之后，更为“亲民”的一种文学体裁。

细究起来，词产生于唐朝，源于燕乐，五代后才有“曲子词”这种说法。自唐、五代历北宋、南宋，由小令到中长调慢词，词的风格也经历了不同的变化：早期的词大方自然、隽朗高秀，后期的词趋向精严凝练、绮密深沉。李白的《菩萨蛮》，白居易和刘禹锡的《忆江南》都属于最早的词作，也标志着词体的萌芽。这些诗人在词中吸取并发扬了民间曲子词的清新流畅及情真意切，而他们沉郁雄放的文风也对后世的词作产生了深远影响。因此唐代的文人词又被称作“百代词曲之祖”。

有了固定的曲调再进行填词叫作“依声”，词曲配乐器来演奏歌唱，文雅的同时兼顾表演功能。所以在上流社会，文人娱乐和宴会时，词就变得必不可少了。

衣香云集，往来名士，转轴拨弦，清词一阕互为唱和，只“宋词”这两个字，就仿佛将那个文昌清雅的时代，重现于眼前了。

木兰花

宋·宋祁

东城渐觉风光好，縠皱波纹迎客棹[①]。
绿杨烟外晓寒轻，红杏枝头春意闹。
浮生长恨欢娱少，肯爱千金轻一笑[②]。
为君持酒劝斜阳，且向花间留晚照。

【注释】①縠 [hú]：有皱纹的纱。棹 [zhào]：船桨，此指船。②爱：吝惜。

【译文】

漫步东城感受风光美好，小舟荡漾在波纹骤起的湖面上。
拂晓轻寒笼罩着如烟杨柳，红色杏花绽放在春天的枝头。
人总会埋怨苦多乐少，谁会吝惜财物而轻视开怀一笑？
拿酒杯为您劝说斜阳，为我们的聚会在花间留一抹晚霞。

【词在说什么】

词的上阕从游湖写起，赞早春明媚，生机勃勃。目之所及，水波轻柔，杨柳如烟，初春之美更添雅致。再令“红杏”枝头“闹”春，如火如荼，烂漫春光呼之欲出。

词的下阕叹人生无常，浮生如梦，抒惜时自珍之情。游春赏春，临风而歌，不亦乐乎？故愿以一己之力，为友人挽留日暮之斜阳，眷恋春光之情溢于言表。

【想一想】

1. 这首词的上阕，通过哪些意象表现春光美好？

2. 前人论及这首词，认为“闹”字最为传神，你同意吗？请说一说你的理由。

【学以致用】

请根据学过的内容，把下面的空白补充完整。

绿杨烟外晓寒轻，______________。

______________，且向花间留晚照。

你喜欢我吗

【道具】

纸、笔。

【玩法】

几个熟悉的朋友坐在一起，每个人都拥有纸和笔。

1. 写出你有好感的人的名字。
2. 写出你讨厌的人的名字。
3. 彼此公布答案。

【思考】

根据游戏结果，请思考：

1. 你有好感的人，是否对你也有好感?
2. 你讨厌的人是否也讨厌你?

【启示】

最后统计发现一个规律：你产生好感的那些人，往往是对你有好感的人；而你所讨厌的人，往往也是讨厌你的人。人与人之间的关系往往是相互的，与人为善，也是与自己为善。当你用欣赏的眼光看别人时，别人也会向你投来欣赏的眼光；当你用鄙视的眼光看别人时，别人也会向你投来鄙视的眼光。

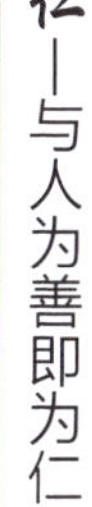

调摄与宜养

人生于世间，大都愿健康而长生。因抱有这样的期望，故自黄帝至今，华夏民族创作了无数的养生文献，不仅医家，诸子百家在养生方面均有涉及。

最有普世价值的养生书籍，不会具体告诉你吃什么、喝什么，而是阐述平常生活中饮食坐卧的规律，顺应天时地气和节令的调摄之法。比如明代息斋居士撰写的《摄生要语》，其中关于日常生活中如何保养身体的方法至今仍具有非凡意义。

“一日之忌，暮无饱食；一月之忌，暮无大醉；终身之忌，暮常护气。久视伤血，久卧伤气，久立伤骨，久行伤筋，久坐伤肉。大饱伤肺，大饥伤气。勿当屋梁脊下睡卧，卧勿头向北。勿点灯烛照卧，六神不安。大汗勿脱衣，多得偏风，半身不遂。卧处勿令有孔隙，风入伤人。最寒勿令火炉安向头旁，令人头重目赤鼻干……数者是亦养生之大者，当究心焉。”

第二单元

厚德博学即为

单元导读

开卷有益

宋朝初年，宋太宗命李昉[fǎng]等人编写《太平总类》。这部书收录了一千六百多种古籍的重要内容，是一部很有价值的参考书。宋太宗十分喜欢这部书，规定自己一年看完，每天至少看两三卷，遂更名为《太平御览》。

当听说宋太宗决心花精力阅读这部巨著时，很多大臣觉得：皇帝日理万机，还要去读这么一部大书，太辛苦！就劝他少看一些，以免过度劳神。宋太宗却说："多看书，多受益，况且我并不觉得劳神。"于是每天坚持读三卷。有时因国事耽误了，也会抽空补上。从此后，宋太宗的学问渐渐渊博，处理国家大事也更得心应手。大臣们见皇帝都如此勤奋，纷纷效仿，读书之风盛行一时。

宋太宗坚持阅读，既开阔了视野，也提高了治国理政能力，还为大臣们树立了好榜样。他真是"厚德博学"啊！

品格修养

厚德博学即为义

【释析】义是我们本有的光明德性，表现出来就是人能使自己的行为合于道理和规范，即所谓“义行”。“义”也需要养润才能“成熟”。养润“义”的方法有两种：一是对已然确定的“善”，要毫不犹豫地去实践；二是对尚不能确定是非的行为要通过广博学习、认真思考，待确定之后再去积极践行。

人物链接 宋·杨时

人物简介

杨时（1053—1135）北宋哲学家、文学家。字中立，号龟山，祖籍弘农华阴（今陕西华阴东）。历任知县、工部侍郎，以龙图阁直学士专事著述讲学。晚年隐居龟山，学者称“龟山先生”。

时调官不赴，以师礼见颢[hào]于颍[yǐng]昌，相得甚欢。其归也，颢目送之，曰："吾道南矣。"

——元 · 脱脱《宋史 · 杨时传》

程门立雪

北宋大学问家杨时，四十多岁时与好友游酢[zuò]一起去拜程颐为师，求教学问。凑巧当时程颐正在屋中瞑目静坐，两人就侍立在侧，等候程颐醒来。

不一会儿，门外下起了鹅毛大雪，雪越下越急，杨时和游酢却还没有想要回去的意思。他们只是静静地侍立在侧，等候老师醒来。终于，程颐静坐结束了。他一睁眼发现两人还侍立在侧，于是对他们说："今天天色已晚，二位先回去吧。"

他们推开门一看，发现外面的雪已经一尺厚了。

甲骨文

金文

小篆

隶书

《说文解字》：“德，升也。从彳 [chì]，悳 [dé] 声。”

【字源分析】甲骨文的“德”，象一只大眼直视前方而行。

【本　　义】看清方向；坦然直行。

【引 申 义】道德；品行。

金文

小篆

隶书

楷书

《说文解字》:“博，大通也。从十尃[fū]。尃，布也，亦声。”

【字源分析】“十”表上下四方，喻一切方所；“尃”本义为“布”，引申为“散布”。在金文“博”中，“尃”取引申义。

【本　　义】大。

【引 申 义】广泛；普遍。

成语导读

博文约礼

子曰："君子博学于文，约之以礼，亦可以弗畔矣夫。"

——《论语 · 雍也第六》

【释义】广泛学习文化知识，然后以礼法加以约束。

孔子说："有志成为君子的人，广泛学习文献知识，再以礼来约束自己的行为，这样也就不至于背离人生正途了。"

【找一找】

下面的成语，哪些是"博文约礼"的近义词？哪些是"博文约礼"的反义词？请把它们找出来。

博闻多识　　博学多闻　　力学笃行

才疏学浅　　款学寡闻　　不学无术

【组词】

根据提示，把下面的空白填充完整。

（　）闻（　）识　　（　）学（　）闻　　（　）学（　）行

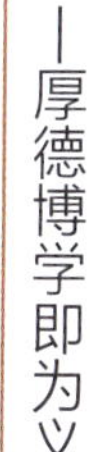

孟子

孟子谓宋勾践曰[①]："子好游乎[②]？吾语子游。人知之，亦嚣嚣[③]；人不知，亦嚣嚣。"

曰："何如斯可以嚣嚣矣？"

曰："尊德乐义，则可以嚣嚣矣。故士穷不失义，达不离道。穷不失义，故士得己焉[④]；达不离道，故民不失望焉。古之人，得志，泽加于民；不得志，修身见于世。穷则独善其身，达则兼善天下。"

——《尽心章句上》

【注释】①宋勾践：人名，姓宋，名勾践，生平不详。②游：指游说。③嚣嚣：安详自得的样子。④得己：即自得。

【译文】

孟子对宋勾践说："你喜欢游说各国的君主吗？我告诉你游说的态度：别人理解我，我也自得其乐；别人不理解我，我也自得其乐。"

宋勾践问："要怎样才能够自得其乐呢？"

孟子说："尊崇道德，喜爱仁义，就可以自得其乐了。所以士人

穷困时，不失去义；得意时，不离开道。穷困时不失去义，所以自得其乐；得意时不背离道，所以老百姓不失望。古代的人，得意时，恩惠施于百姓；不得志时，修养个人品德，以此表现于世人。穷困便独善其身，得意便兼善天下。”

【解析】

人若缺乏内在的省察和自修，往往容易为外在诱惑所牵扯，循物忘己。有道德追求的人能以善自制，不论困穷或显达都不失去自我。

“独善其身”并不是“隐遁无为”，而是君子克己自修，以待时机。其用心还在于利济人群，所谓“兼善天下”。

围炉夜话

川学海而至海，故谋道者不可有止心①；莠非苗而似苗②，故穷理者不可无真见③。

【注释】①谋道者：追求学问和道理的人。②莠[yǒu]：一年生草本植物，穗有毛，像谷子，亦称“狗尾草”。③穷理：探究事物的道理。

【译文】

河流学习大海的兼容并蓄，终能汇流入海，所以追求学问和道理的人不能有怠惰和满足的心态；狗尾草像禾苗却不是禾苗，所以探究事物真理的人不能没有辨别能力和真知灼见。

颜氏家训

学者犹种树也，春玩其华[1]，秋登其实[2]；讲论文章，春华也；修身利行，秋实也。

【注释】①华：同“花”。玩：观赏。②登：收获。

【译文】

学习就像种树，春天可以观赏花朵，秋天可以摘取果实。

讲论文章，讨论义理，好像春天赏花；修身养性，身体力行，如同秋天摘取果实。

划粥断齑[jī]

范仲淹幼年丧父，四岁时随继父迁至长山，于醴[lǐ]泉寺中苦读。因家境贫寒，生活非常艰苦。每晚，他用糙米煮好一盆稀饭，等到第二天早晨粥凝固后，用刀切为四块，早晚各两块，再切一些腌菜下饭。尽管如此，他都毫无怨言。

范仲淹的同学看他生活艰苦仍好学不辍，就回家告诉了父亲。同学的父亲听说后被范仲淹的行为所感动，也深深地同情他的处境，就让家人做了鱼肉等好吃的东西，让儿子带给范仲淹。

第二天，同学将做好的鱼肉送给范仲淹，说："这是我父亲让我送给你的，你趁热尝尝吧。"范仲淹斩钉截铁地说："不可以！我怎么能接受你的东西呢，你还是带回去吧。"同学以为范仲淹不好意思接受，连忙放下东西，就回家去了。

几天后，同学又来到范仲淹的住所，发现上次给他的东西丝毫未动，已经变质变坏了，就责备范仲淹说："看！让你吃你不吃，东西都坏了。你为什么不吃呢？"

范仲淹回答说："并不是我不想吃，只是我已经习惯了艰苦的生活，如果吃了这些美味佳肴，以后再过这种艰苦的生活就不习惯了，所以我没有吃。感谢你父亲的一片好意啊！"

同学回家后，将范仲淹的话如实地告诉了父亲，父亲夸奖说："真是一个有志气的好孩子，日后必定大有作为啊！"

经过苦读，成年后的范仲淹进士及第，官至参知政事。

典故解析

戴生独步，许子无双。

——《龙文鞭影·三江》

【译文】戴良独步天下，许慎举世无双。

【典故背景】

戴生独步：东汉人戴良，字叔鸾，议论高奇，多骇流俗。他出生于富豪之家，从小行为放纵不拘。母亲喜欢听驴叫，他就经常学驴叫让母亲高兴；母亲去世时，戴良的哥哥住帐篷喝稀粥，不合礼的行为不去做；而戴良吃肉喝酒从不忌讳，悲痛时才哭。有人对戴良的行为表示质疑，却又辩论不过他。同郡的谢季孝问他："你自己看天下人谁可以与你相比？"戴良答道："我若仲尼长东鲁，大禹出西羌，独步天下，无与为偶也。"戴良一生悠闲自得，不去做官，最后长寿而死。

许子无双：东汉人许慎，字叔重，少年时便广博学习经学，受到大经学家马融的器重。当时人曾评价许慎说："五经无双许叔重"，可见其经学造诣之深厚。许慎著有《说文解字》，该书系统阐述了汉字的造字规律。因许慎对文字学作出了不朽贡献，后人尊称他为"字圣"。研究《说文解字》的人，皆称许慎为"许君"，称《说文解字》为"许书"，称传其学为"许学"。

牛女二星河左右，参商两曜[yào]斗西东。
十月塞边，飒[sà]飒寒霜惊戍[shù]旅；
三冬江上，漫漫朔雪冷渔翁。

——《笠翁对韵·一东》

【找一找】

1. 以“十月塞边”“三冬江上”为起首，作一副对联。

2. 试着用“左右”“西东”做句末，自己创作一副对联。

3. 如果创作写景物的对联，你会想到哪些对仗的叠字词？

【名联赏析】

铁肩担道义；
辣手著文章。

——杨继盛自题联

杨继盛是明代著名谏臣，曾因直言敢谏屡遭贬谪。他因上疏弹劾严嵩遭诬陷下狱，在狱中备受折磨而遇害。明穆宗即位后，以杨继盛为直谏诸臣之首，追赠太常少卿，谥号“忠愍[mǐn]”，世称“杨忠愍”，有《杨忠愍文集》传世。这一副对联寥寥十个字，却是他一生忠义敢谏的写照。

宋词的特色

相较诗的五言、七言、绝句、排律等形式，宋词的词格无疑活泼有趣得多。诗大多为齐句，即每句的字数一致。而词则大多数为长短句，且每一词牌格式都不同。比如我们都熟悉的“如梦令”这一词牌，各句的字数是六、六、五、六、二、二、六，再配合了清新而有画面感的字句，不待谱曲已自成旋律。再如“南乡子”，各句的字数是五、七、七、二、七，以吟又复吟的形式道出深刻的感情。

另外与诗有所区别的是，许多词牌都分为两段，称为“上阕”和“下阕”，亦称为“上片”和“下片”。这就意味着在意境的表现上，整首作品可能出现一些意思上的递进或转折，使整首作品意蕴更加丰富，产生别样的美感。除此之外，字数较多的词有的还会分为多段，按照段落多少，有“单调”（一段）“双调”（两段）、三叠（三段）、四叠（四段）……之分，其中每一段都称为一阕或一片。

有些词牌则比较有趣，比如《江城子》最初为单调，至苏轼始变为双调。《步花间》为正体四十四字双调，但也有单调变体。《南柯子》《南乡子》等词，同时兼有单调、双调两体。活泼的形式，使词无疑更具表现力，这也是宋词不同于唐诗的独特魅力所在。

沁园春·孤馆灯青

北宋·苏轼

孤馆灯青，野店鸡号，旅枕梦残。渐月华收练，晨霜耿耿①；云山摛锦②，朝露漙漙③。世路无穷，劳生有限，似此区区长鲜欢。微吟罢，凭征鞍无语，往事千端。

当时共客长安，似二陆初来俱少年④。有笔头千字，胸中万卷；致君尧舜⑤，此事何难。用舍由时，行藏在我⑥，袖手何妨闲处看。身长健，但优游卒岁，且斗尊前。

【注释】①耿耿：明亮的样子。②摛[chī]：舒展，散布。③漙[tuán]：（露水）盛多。④二陆：指西晋文学家陆机、陆云兄弟。此以“二陆”自比自己及苏辙。⑤致君：辅佐国君，使其成为圣明君主。⑥“用舍”二句：《论语·述而》：“子谓颜渊曰：‘用之则行，舍之则藏，惟我与尔有是夫！’”意即：被任用就出仕为官，不被任用就退隐闲居。

【译文】

孤寂旅舍灯光青冷，荒野鸡鸣，惊起旅人残梦。晓月光芒渐敛，晨光乍现；山头白云如锦缎铺展，晨露似珍珠莹亮。世间路难有尽头，人生路却也漫漫，哀吾生之渺小，片刻欢愉不易得。征鞍上独自低吟，低垂首默默无语，往事千头万绪，涌上心头。

想当年你我兄弟二人风华正茂，一同客居于长安。文思敏捷，读书万卷；辅佐圣主创尧舜之功又有何难？用之则行，舍之则藏，暂且冷眼旁观。所幸你我身体康健，悠闲游乐，且向酒樽之中寻觅慰藉。

【词在说什么】

这首词以议论入词，直抒胸臆，充分表达了词人的政治怀抱。

词之上阕，作者以寥寥数句，勾勒出一幅旅人早行图。晨曦中，月光、山色、朝露、晨霜，别有一番韵味。但词人想早日与弟弟相聚，眼前之景无心观赏，唯叹“世路无穷，劳生有限”。因何而有此叹？

词之下阕，追忆兄弟二人曾如“二陆”一般：当年雄心万丈、信心满满，希望能辅佐明君建功立业。但现实中却屡屡碰壁，无限感慨。此情此景，不若从圣人“用之则行，舍之则藏”之教，以从容不迫之心，行悠闲度日之乐。

词人的豪迈旷达，可见一斑。

【想一想】

1. 词之上阕，描绘了一幅怎样的画面？表达了诗人怎样的情感？

2. 有人认为这首词抒发了词人壮志难酬的苦闷，也有人说词的基调是乐观豁达的，说说你的看法。

【学以致用】

1. 渐月华收练，____________，云山摛锦，____________。

2. ____________，____________，袖手何妨闲处看。

成语接龙

【玩法】

成语接龙，就是几个成语按照一定的规律连接成一条龙，它们有的首尾相连，有的谐音相连，有的以数字相连。

第一轮：首尾相连接龙。如“一刀两断”“断章取义”“义无反顾”……这样一直往下延续，中间接不上来的人将被淘汰。

第二轮：谐音相连接龙。如“草木皆兵”“冰天雪地”“低眉顺眼”……中间接不上来的人将被淘汰。

第三轮：数字相连接龙。如“一日千里”“二分明月”“三心二意”……中间接不上的人将被淘汰。

以此类推，选出最终获胜者。

【思考】

你在成语的哪一轮会被淘汰？你被淘汰的原因是什么？

【启示】

游戏中能够走得远的人，往往是平时注重知识积累的人。

鞭茇尝草

神农氏又称炎帝，与黄帝合称“炎黄”，他们是华夏民族的始祖，故而中华民族又被称为“炎黄子孙”。

细究起来，“炎黄子孙”实在是个足以为之骄傲的称呼。上古神话中，神农氏的部族生活在南方炎热地带，故首领称之为“炎帝”。他生而有角，这也许与他发明耒耜和耕种技法有关，人们将牛的特征——牛角赋予了他，并称他为“神农”。传说他的肚子是透明的，五脏六腑一目了然，这也许因为他是个心地坦荡的人；另外，应该还和他“遍尝百草”的使命有关。

据说神农氏成为部族首领后，看到族人生病十分痛心，便决心四处去寻找可以纾解病痛的草药。为了解药性，他亲自尝百草进行测试，因为神农的肚子是透明的，他可以很清楚地看到吃下的药草对身体起了何种作用。可即便如此，他还是不免一次次地中毒，乃至性命堪虞。后来精诚所至，神农得到了一条可以测试草木药性的鞭子，这条神奇的鞭子触及草木，持鞭的人便可以感受到药性良恶而不受侵害。依靠这条鞭子，神农遍尝百草后回到了烈山。

我们炎黄子孙有这样心怀万民的祖先，的确值得骄傲。据说川、鄂、陕交界处延绵的大山就是当初神农以仁爱之心勇尝百草的地方，所以人们将这里命名为“神农架”。

第三单元

不为已甚即为

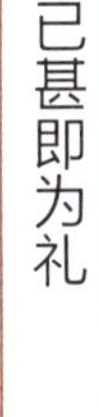

子产为政

子产是春秋时期著名的政治家。有一次，子皮想派一个弟子去做邑宰，子产问道："他年龄太小，能治理好吗？"子皮回答说："他为人老实，我很喜欢他，让他学学就懂得如何做邑宰了。"子产反驳说："不行！真的疼爱一个人，是希望他得到好处；但是你让一个不懂政事的人做官，就好像让一个还没有学会用刀的人去切东西，只会伤人伤己。再说，假如你有美锦一匹，你愿意让人拿它来练习裁剪吗？对我们而言，城邑就是美锦，怎么能拿它来让人练习做官？"

孔子曾评价子产"有君子之道四焉：其行己也恭，其事上也敬，其养民也惠，其使民也义"，是"古之遗爱也"。

不为已甚即为礼

【释析】礼是本于自然之理而制定的，用以节制或者文饰人行为的规范。由于本于自然之理，所以礼是中道的。所谓“中道”就是恰如其分，没有过分也没有赶不上。“不为已甚”即不为过分的做法，这是合于礼的。

 宋·查道

人物简介

查[zhā]道（955—1018），宋代大臣，字湛然，休宁（今属安徽）人。幼沉静不群，罕言笑，喜亲笔砚，以词学称。端拱初（988）举进士高第。

查道，好学，嗜弈棋。平居多茹蔬，或止一食，默坐终日，服玩极于卑俭。

——元·脱脱《宋史·查道传》

查道访亲

宋朝有个人叫查道，有一天他和仆人挑着礼物去拜访远方亲戚。由于忘了带干粮，又找不到吃饭的地方，中午时他们特别饿。仆人建议从礼物中拿些食物吃。查道说："这怎么行呢？这些礼物既然要送人，就是人家的东西了，我们怎么可以偷吃呢！"结果，两个人只好饿着肚子赶路。

甲骨文

金文

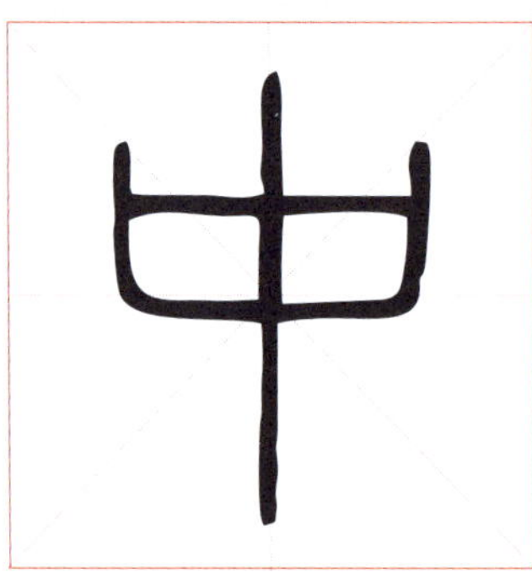

小篆

隶书

《说文解字》:“中，内也。从口[wéi]。丨[gǔn]，上下通也。”

【字源分析】甲骨文中的“中”，象旗杆插在城邑“口”的中间，旗杆到城邑四周的距离相等。

【本　　义】中心。

【引 申 义】不偏不倚；无偏差。

金文

小篆

隶书

楷书

《说文解字》：“所行道也。从辵[chuò]，从首。一达谓之道。”

【字源分析】金文中的“道”，从“行”，象四面畅通的大路；从首，象头部的形状，表示观察、思考；从止，表示行走。合起来，表示站在路口，为别人指引行进的方向。

【本　　义】大路。

【引 申 义】途径；方法。

过犹不及

子贡问:“师与商也孰贤?”子曰:“师也过,商也不及。”曰:“然则师愈与?”子曰:“过犹不及。”

——《论语·先进第十一》

【释义】事情做过头，和事情做得不够一样，都是不合适的。

子贡请教:“颛孙师与卜商两个人，谁比较杰出?”孔子说:“颛孙师的言行过于急进，卜商则稍嫌不足。”子贡说:“那么，师要好一些吗?”孔子说:“过度与不足同样不好。”

【找一找】

下面的成语,哪些是“过犹不及”的近义词?哪些是“过犹不及”的反义词?请把它们找出来。

莫为已甚　　适可而止　　恰如其分

过为已甚　　过甚其辞　　行过乎恭

【组词】

根据提示，把下面的空白填充完整。

不（　）已（　）　　适（　）而（　）　　（　）如其（　）

孟子

孟子曰："伯夷，非其君不事，非其友不友。不立于恶人之朝[①]，不与恶人言。立于恶人之朝，与恶人言，如以朝衣朝冠坐于涂炭。推恶恶之心，思与乡人立，其冠不正，望望然去之[②]，若将浼焉[③]。是故诸侯虽有善其辞命而至者，不受也。不受也者，是亦不屑就已。柳下惠[④]，不羞污君，不卑小官。进不隐贤[⑤]，必以其道。遗佚而不怨[⑥]，阨穷而不悯[⑦]。故曰：'尔为尔，我为我，虽袒裼裸裎于我侧[⑧]，尔焉能浼我哉？'故由由然与之偕而不自失焉[⑨]，援而止之而止。援而止之而止者，是亦不屑去已。"孟子曰："伯夷隘，柳下惠不恭。隘与不恭，君子不由也。"

——《公孙丑章句上》

【注释】①不立于恶人之朝：即不仕于恶人之朝。②望望然：怨望之貌。③浼[měi]：污染。④柳下惠：姓展，名禽，春秋时期鲁国贤大夫。⑤隐贤：隐藏自己的才能。⑥佚：同“逸”，谓不被用。⑦悯：忧。⑧袒裼[xī]裸裎[chéng]：赤身露体。⑨由由然：高兴的样子。

【译文】

伯夷，不是他理想的君主，不去侍奉；不是他理想的朋友，不去结交。他不站在坏人的朝廷里，不同坏人说话。因为站在坏人的朝廷里同坏人说话，就好比穿戴着礼服礼帽坐在泥路或者炭灰之上。把这种厌恶坏人坏事的心情推广起来，他便这样想：同乡下佬一块站着，如果那人的帽子没有戴正，就不高兴地走开，好像自己会沾染肮脏似的。所以当时各国君主虽然用好言好语来招致他，他也不接受。他之所以不接受，就是因为自己不屑于去接近。柳下惠却不以侍奉坏君为可耻，不以自己官职小为卑下；入朝做官，不隐藏自己的才能，但一定按照他的原则办事；自己被遗弃，也不怨恨；自己穷困，也不忧愁。所以他说：“‘你是你，我是我，你纵然在我旁边赤身露体，怎么能污染我呢？’所以叫他留住，他就留住。叫他留住，也就是因为他用不着离开的缘故。”孟子又说：“伯夷气量太小，柳下惠不太严肃。气量太小和不太严肃，君子是不这样做的。”

孟子曰："仲尼不为已甚者。"

——《离娄章句下》

【译文】孟子说："孔子是做什么事都不过火的人。"

【解读】

伯夷、柳下惠的风操各臻一极，然伯夷有孤高而不可及之嫌，柳下惠却有沦为"乡愿"（好好先生）之忧。孔子则无二者之弊，进退出处皆是中道，看《论语》"子温而厉，威而不猛，恭而安""温、良、恭、俭、让"诸条，便知孔子气象。孟子一句"仲尼不为已甚者"真乃知人论世，一语道尽，非如孟子真知孔子者作不得此言。

围炉夜话

严近乎矜[①]，然严是正气，矜是乖气，故持身贵严而不可矜。谦似乎谄，然谦是虚心，谄是媚心。故处世贵谦而不可谄。

【注释】①严：庄严。矜：自尊自大。

【译文】

庄重有时看来像是傲慢，然而庄重是正直之气；傲慢却是一种乖僻的习气，所以律己最好是庄重，而不要傲慢。谦虚有时看来像是谄媚，然而谦虚是待人有礼不自满，谄媚却是因为有所求而讨好对方。所以处世应该谦虚，却不可谄媚。

颜氏家训

凡为文章，犹人乘骐骥[①]，虽有逸气[②]，当以衔勒制之[③]，勿使流乱轨躅[④]，放意填坑岸也。

【注释】①骐骥：千里马。②逸气：超脱之气。③衔勒：马嚼口和马络头。④轨躅 [zhú]：车轮碾过的痕迹，引申为规则。

【译文】

写文章就像乘良马，马虽然有超脱的气概，乘马的人要懂得及时勒住马络头，不要让它坏乱规则，恣肆汪洋。

丙吉问牛

丙吉是汉宣帝时的丞相。有一天，丙吉外出，遇到行人斗殴，路边躺着死伤的人。然而，丙吉却不闻不问，驱车而过；下属感到很奇怪，暗自纳闷儿。

过一会儿，当看到老农赶的牛步履蹒跚、气喘吁吁时，丙吉却马上让车夫停车询问缘由。下属不解，问丙吉何以如此重畜轻人。丙吉回答说："行人斗殴，有京兆尹等地方官处理即可，我只要适时考察其政绩，有功则赏、有罪则罚，这样就可以了。丞相是国家的高级官员，所关心的应当是国家大事。而问牛的事则不同，如今是春天，天气还不应该太热，如果那头牛是因为天太热而喘息，那么现在的节气就不太正常了，农事势必会受到影响。所以，我过问了牛的事儿。"

典故解析

田骄贫贱，赵别雌雄。

——《龙文鞭影 · 一东》

【译文】田子方以贫贱为骄傲，没有向太子击还礼；赵温以为雌雄有别，不愿雌伏于安逸的职位。

【典故背景】

田骄贫贱：田子方，战国时期魏人，曾为魏文侯老师，以道德、学问闻名于诸侯。一次，太子击与他在路上相遇，太子下车很恭敬地问候，田子方却不还礼。太子击生气地说："富贵者骄人乎？贫贱者骄人乎？"子方说："亦贫贱者骄人耳，富贵者安敢骄人？国君而骄人，则失其国；大夫而骄人，则失其家；夫士贫贱者，言不用行不合，则纳履而去，安往而不得贫贱哉！"太子击忙下车，拱立于道旁致敬，子方驱车而过，傲然不顾。田子方"贫贱骄人"，后人常借此故志表现蔑视权贵之意。

赵别雌雄：东汉时期的赵温，做京兆郡丞的官职，曾经感叹说："大丈夫当雄飞，安能雌伏！"所以就辞去了安逸的官职，自己闯荡天下。赵温的豪迈之气，即使在现代也很值得效仿。

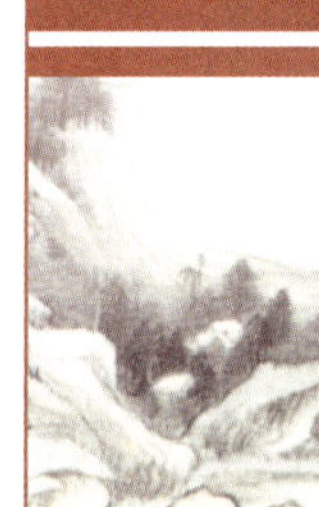

河对汉，绿对红。雨伯对雷公。
烟楼对雪洞，月殿对天宫。
云叆 [ài] 叇 [dài]，日曈 [tóng] 曚 [méng]。
蜡屐 [jī] 对渔篷。
过天星似箭，吐魄月如弓。

——《笠翁对韵 · 一东》

【找一找】

1. 以“红”“绿”为题自拟一副对联。

2. 除了“叆叇”“曈曚”，你还能找到哪些与“云”“日”组成对联并对仗的词?

【名联赏析】

地位清高，日月每从肩上过；
门庭开豁，江山常在掌上看。

——朱熹题福建漳州白云岩书院

白云岩亦名云洞岩，在漳州龙海市颜厝镇，宋代朱熹任漳州知府时在此建立书院并讲学。上联写仰视所见，山岩高峻峭拔，比喻书院所处地位清高超俗。“日月……肩上过”，想象奇特。下联写俯视所见。“门庭开豁”，喻此地人文之盛。“江山……掌上看”，谓江山舒掌可观，与上句“日月……肩上过”一起勾画出一个顶天立地的“大人”形象，隐喻书院的目的是教人以成德。联语想象夸张，生动巧妙，富有哲思，读来令人叫绝。

经典词牌来历

1. 念奴娇

“念奴”是唐朝天宝年间的著名歌姬，宋人王灼《碧鸡漫志》称：“念奴每执板当席，声出朝霞之上。”据说唐玄宗曾亲自作曲填词，命念奴歌唱，果然娇滴百转，于是将词牌定名为“念奴娇”。

2. 雨霖铃

据宋人王灼《碧鸡漫志》记，唐玄宗避安禄山乱出逃，后在霖雨连绵之夜，车行于蜀中栈道之上，不觉悲从中来，口出“雨淋铃”三字。后来玄宗“采其声为《雨霖铃》曲，以记恨焉”，并叫伶人张野狐吹奏，从此流传于世。

3. 钗头凤

陆游与妻子唐婉的爱情为其母不喜，二人被迫分离，陆游“怅然久之，赋《钗头凤》一词，题园壁间”。据考证，《钗头凤》出自《撷芳词》“可怜孤似钗头凤”之句，故取名“钗头凤”。

4. 沁园春

由东汉的沁水公主园得名。东汉明帝沁水公主兴建一座园林，史称“沁水公主园”，简称“沁园”。后世泛称公主的园林为“沁园”。后人作诗以咏其事，此调因而得名“沁园春”。

5. 水调歌头

相传隋炀帝在开凿大运河时，曾制《水调歌》，至唐代发展为大曲（即大型歌舞曲）。凡是大曲都由几个乐章组成，“歌头”就是开头一段。《水调歌》有散序、中序、入破三部分，“歌头”为中序的第一章，又名“元会曲”“凯歌”“台城游”等。

6. 贺新郎

“贺新郎”最初名字是叫“贺新凉”。清代《古今词话》记载：苏轼曾作“贺新凉”赋为一女子解围。而以“贺新郎”为词牌的词实际上大多感伤悲愤，和婚宴气氛不合。

7. 鹊桥仙

这一词牌由民间传说而来。鹊桥的神话自东汉时已有，唐时在民间传说已经相当普遍了，此调因咏牛郎织女鹊桥相会而得名。又有一说，因欧阳修有词“鹊迎桥路接天津”一句，取为词名。

8. 踏莎行

相传，北宋寇准在一个暮春之日和友人们去郊外踏青，忽然想起唐代诗人韩翃[hóng]“踏莎行草过春溪”之句，于是作了一首新词，名为“踏莎[suō]行”。“莎”指莎草，亦称“香附子”。“莎”读[shā]时多用于人名、地名。

9. 菩萨蛮

唐时俗称美女为菩萨，据《杜阳杂编》载：“大中初，女蛮国贡双龙犀，明霞锦，其国人危髻金冠，缨络被体，故谓之‘菩萨蛮’。当时倡优，遂歌‘菩萨蛮曲’，文士亦往往效其词。”

10. 虞美人

楚汉相争，项羽兵败乌江，虞姬拔剑自刎，血染之地，长出了一种鲜红的花，称作“虞美人”。后人钦佩虞姬节烈可嘉，就常以“虞美人”三字作为曲名寄调填词，诉一缕衷肠。“虞美人”因以为名，逐渐演化为词牌名。

11. 青玉案

出自东汉张衡的《四愁诗》：“美人赠我锦绣段，何以报之青玉案。”“锦绣段”即“锦缎”，丝织品，表面有彩色花纹。“案”指放食物的小几，形状如有脚的托盘。

12. 浣溪沙

西施是春秋末越国的浣纱女子，粉面桃花，楚楚动人。她在河边浣纱时，鱼儿看见美丽的倒影，忘了游水，渐渐沉到河底，谓之“沉鱼”。传说西施浣纱处在今天浙江绍兴的若耶溪，该溪因此又名“浣纱溪”，词牌据此得名。

卜算子·咏梅

南宋·陆游

驿外断桥边[1]，寂寞开无主。
已是黄昏独自愁，更著风和雨[2]。
无意苦争春，一任群芳妒[3]。
零落成泥碾作尘[4]，只有香如故。

【注释】①驿：驿站，供官吏或驿马中途休息的场所。②著 [zhuó]：遭受，承受。③群芳：群花、百花。借指苟且偷安的主和派。④零落：凋谢，陨落。

【译文】

驿站外断桥边，梅花孤单开放。日近黄昏独自哀愁，又遭风吹雨打四处漂流。

无心与群芳争艳，任凭百花嫉妒。花瓣飘落碾作尘土，仍有芬芳世间永驻。

【词在说什么】

词人以梅花自比，咏梅之不幸遭遇，叹人生失意坎坷；赞梅之高洁坚定，许己之忠贞不渝。

词之上阕，渲染梅花处境艰辛：少有人顾，无人欣赏，孤苦无依，更兼风刀霜剑严相逼。如此境遇，梅花又当如何？

词之下阕，抒写梅之情志。尽管被摧残、被践踏，仍不坠高洁之志。如词人一般，虽命途坎坷甚至备受摧残，仍不改忠君爱国之心。

【想一想】

1. 在这首词中，梅生长的环境是什么样的？

2. 词人笔下的梅，有哪些高贵的品格？

【学以致用】

请根据学过的内容，把下面的空白补充完整。

1. ________________，一任群芳妒。

2. 零落成泥碾作尘，________________。

记号码

【玩法】

1. 选择 22 个人，11 人一组，分为两组。教师任意说出 3 组手机号，要求两组同学使用不同的记忆方法：

第一组不得借用任何外在工具，每个人都要记住 3 组手机号的 11 位号码。

第二组的每个人只需分别记住 3 组手机号的 1 位号码。

2. 教师说出三组手机号码，请各组按照既定的方法记忆。

3. 教师请第一组、第二组分别报出三组手机号码。

4. 教师根据自己掌握的正确答案判定哪一组给出的手机号码既快又准确。

【思考】

你们组答对了吗？答对的秘诀是什么？

【启示】

第二组往往会又快又准确地说出手机号，原因在于，每个人只记忆一个数字，任务量符合个人记忆能力。相反，第一组往往不能准确说出三组电话号码，原因在于任务量超过了大部分人的记忆能力。所以我们要懂得“不为已甚”。

国学常识

兰秋

汉朝《孝经纬》曰 :“大暑后十五日，斗指坤，为立秋。秋者，揫[jiū]也，物于此而揫敛也。后十五日，斗指申，为处暑，言渎暑将退，伏而潜处也。”古人观察到北斗七星的旋转与四时变换密切关联，通过观察北斗七星“斗柄”指向的方位就可以判断时令。如“斗柄指东，天下皆春”“斗柄指西，天下皆秋”，这些经验在漫长的时光中指导了古代文化、科技的发展。

七月是入秋的第一个月，古代称为“兰月”，又称为“首秋”“上秋”“肇秋”。据说在这个月收集角蒿，放置在书箱、毡褥中可以避蠹虫和蛇；收集芙蓉的叶子晒干研末，用醋调和涂在肿胀的地方，消肿效果非常神奇。古人还喜欢在七月晾晒书籍、裘皮衣服，据说可以避蛀虫。

虽然暑气即将褪去，但气温炎热的七月中，稍有不慎还是很容易中暑。对此，古人用竹叶一握，山栀一枚，煎汤去渣后，下米煮粥。等粥熟了，点一点盐花，中暑的人吃一两杯立刻治愈，比服药健康安全。

还有件很有趣的事，《家塾事亲》中提到，古时候有种风俗，七月七日这天，在学童的衣领中纳进一只蜘蛛，取“知著”谐音，有令人过目不忘的祝福。

第四单元

知人论世即为

魏绛和戎

春秋时期，无终国头领嘉父派孟乐出使晋国，希望能与晋国建立和睦关系。晋悼公对大臣说："戎狄既不愿亲附，又贪婪无厌，不如派兵讨伐。"魏绛说："诸侯会盟刚刚结束，陈国又是第一次与我们结盟。如果我们有仁德，诸侯就与我们亲睦；反之，则会背离我们。此时攻打戎狄，万一楚国攻打陈国，我们将无力救援，等于弃之不顾，其他国家也要背离我们了。"

晋悼公说："如此说来，只能同他们讲和了？"

魏绛说："与戎议和，好处有五：其一，戎狄久居草原，重财轻地，我们可以通过交易换取他们的土地；其二，边疆稳定，有利于农业生产，百姓也可安居乐业；其三，和议可以震慑周边国家，稳固晋国的大国地位；其四，以仁克敌，我方亦可休养生息；其五，以德服人，远者来之，近者安之。"

晋悼公十分高兴，命令魏绛与戎族订立盟约，从而安抚了边疆和其他各国。

知人论世即为智

【释析】读书非仅为知识，实乃在效法先觉所为，觉醒我们本有的光明德性。在书籍的选择中，唯有那些经久不磨的古书才最有意义，如《四书》《五经》等。然而一般人提到这些书，往往望而生畏，以为很难理解。孟子提出“知人论世”的主张，给我们指出了一个解读经典的好方法。所谓“知人论世”，就是将具体的人放在具体的历史环境中去考察。人能做到“知人论世”，就能逐渐理解古人、古书，从而使自己变得有智慧。

春秋·鲍叔牙

人物简介

鲍叔牙（约前 723—前 644），颍上（今属安徽）人，春秋时期齐国大夫。

管仲：“生我者父母，知我者鲍子也！”

——汉 · 司马迁《史记 · 管晏列传》

鲍叔牙荐管仲

春秋时期，齐国有一次大乱。齐大夫鲍叔牙随公子小白出奔莒国。鲍叔牙的好友管仲随公子纠出奔鲁国。公子纠和小白得知国内无君时，都回来争夺君位。在回国途中，管仲怕小白先回到齐国，便用箭射杀他。但箭射在衣带钩上，结果小白抢先回到临淄，夺了君位，他就是后来的齐桓公。齐桓公击退了鲁军的进攻，逼鲁庄公杀死公子纠,囚送管仲回国。桓公想任用鲍叔牙为相。鲍叔牙辞谢，劝桓公抛弃私仇，改用管仲。齐桓公就听从了鲍叔牙的建议，拜管仲为相。齐国经过管仲的改革，日渐富强。齐桓公也在管仲的辅佐下成为春秋时期的第一个霸主。

金文

小篆

隶书

楷书

《说文解字》："论，议也。从言，仑声。"

【字源分析】"仑"是"论"的本字。金文中的"论"，从"口"，表示评说；从"册"，象竹简串成的典籍；合起来，表示评说典籍。后"仑"的评说义消失，另造"论"来代替。

【本　　义】评说。

【引 申 义】评判；判定。

金文

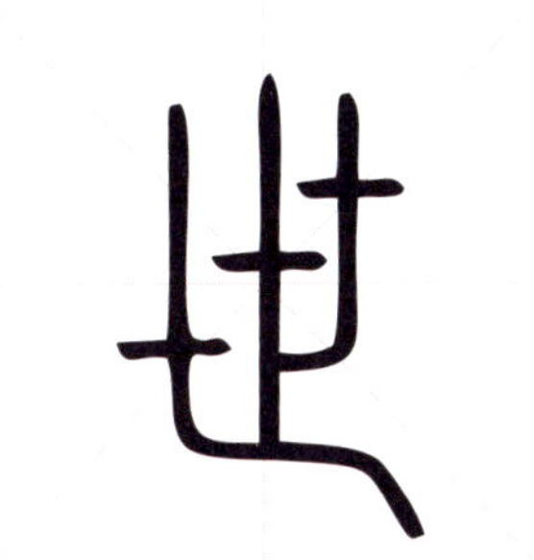
小篆

隶书

楷书

《说文解字》:“世，三十年为一世。从卅而曳长也，亦取其声也。”

【字源分析】金文中的“世”，像草木茎叶之形。草木之叶重累百叠，故引申为世代之世。

【本　　义】草木茎叶。

【引 申 义】世代；一世为三十年。

知人论世

颂其诗，读其书，不知其人，可乎？是以论其世也。

——《孟子·公孙丑章句下》

【释义】了解一个人要研究他所处的时代背景。

吟咏他们的诗歌，研究他们的著作，不了解他们的为人，可以吗？所以要讨论他们的那一个时代。

【找一找】

下面的成语，哪些是“知人论世”的近义词？哪些是“知人论世”的反义词？请把它们找出来。

知人论事　　知人善任　　设身处地

不知世务　　不知时变　　一无所知

【组词】

根据提示，把下面的空白填充完整。

（　）人（　）世　　（　）人（　）任　　（　）身处（　）

孟子

孟子谓万章曰："一乡之善士斯友一乡之善士，一国之善士斯友一国之善士，天下之善士斯友天下之善士。以友天下之善士为未足，又尚论古之人①。颂其诗②，读其书，不知其人，可乎？是以论其世也。是尚友也。"

——《万章章句下》

【注释】①尚：同"上"。②颂：同"诵"。

【译文】

孟子对万章说："一个乡的优秀人物就和一个乡的优秀人物交朋友，一个国家的优秀人物就和一个国家的优秀人物交朋友，天下的优秀人物就和天下的优秀人物交朋友。如果认为和天下的优秀人物交朋友还不够，还可以上溯历史，评论古代人物。吟咏他们的诗，读他们的书，却不了解他们的为人，可以吗？所以要了解他们所处的时代情况，这就是与古人交朋友。"

【解读】

君子进德修业，莫若亲近贤者，广交朋友；而交友的极致则是与古今圣贤相往来。古今圣贤，人往往不可得以亲见，然交之亦非无道，“颂其诗，读其书”就是一种好方法。然“颂其诗，读其书”必须要“设其身，处其地”乃可。如读《论语》，便设使自己为孔门弟子，在孔子的时代听孔子的教诲，这就是所谓的“知人论世”。

围炉夜话

紫阳补大学格致之章[①]，恐人误入虚无，而必使之即物穷理，所以维正教也。

阳明取孟子良知之说[②]，恐人徒事记诵，而必使之反己省心，所以救末流也。

【注释】①紫阳：南宋大儒朱熹别号“紫阳先生”。格致：《大学》中有“致知在格物”句，然无传，朱熹根据程子的意见补传，说格物是穷尽事物之理。②阳明：即明代大儒王守仁，学者称为“阳明先生”，晚年专提“致良知”之说。

【译文】

朱子补《大学》“格物致知”一章的传，要人在事物上研究道理，担心学者只注重心法，而误入佛家虚无寂灭的认知里去，他是要维护儒家的正统学说。阳明提倡孟子的良知学说，担心学子只知背书，忘失本心，所以一定要教导人反观内省，这是挽救那些学圣贤而不得法的人。

颜氏家训

夫所以读书学问，本欲开心明目，利于行耳。未知养亲者，欲其观古人之先意承颜①，怡声下气②，不惮劬劳③，以致甘腝④，惕然惭惧，起而行之也。

【注释】①先意：揣测心意。②怡声：柔声。③劬[qú]劳：劳苦，劳累。④甘腝[ruǎn]：鲜美柔软的食物。

【译文】

读书做学问，是让人增广见识、打开心智，指导实际修养的。比如，不知孝养父母的人，要让他多看古人是如何顺承父母心意、柔声和气、不厌劳烦地去为父母准备称口的食物的，这样他就能猛然省觉、心生惭愧，从而去孝养父母。

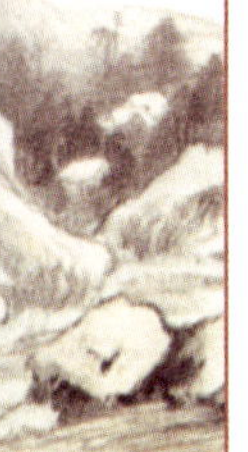

祁黄羊大公无私

春秋时有一天，晋平公问祁黄羊：“南阳县官缺额，看派谁去最合适？”祁黄羊想了想，说：“派解狐去最合适！”晋平公觉得很奇怪：“解狐不是你的仇人吗？为什么要推荐他？”祁黄羊答道：“您只问什么人最适合这个职位，并没有问解狐是不是我的仇人呀！”

晋平公采纳了祁黄羊的意见，派解狐到南阳县去上任。果然，解狐很有作为，为当地百姓办了不少好事，受到人们的称颂。有一天，晋平公又问祁黄羊：“现在朝廷里缺少一位法官，你看谁能胜任？”祁黄羊回答：“祁午最能胜任！”晋平公说：“祁午不是你儿子吗？你推荐自己的儿子，不怕人家讲闲话吗？”祁黄羊说：“您只问谁可胜任法官，并没有问祁午是不是我的儿子呀！”祁午当了法官后，非常称职，深受人民的爱戴。

孔子十分称赞祁黄羊，说他是个公正严明的人，称得上是“大公无私”。

典故解析

能文曹植，善辩张仪。

——《龙文鞭影·四支》

【译文】精通文学的当属曹植，善于辩论的可算张仪。

【典故背景】

能文曹植：三国曹植，字子建，曹操的第三个儿子，魏文帝曹丕的弟弟。子建年十岁余，诵读诗论及辞赋数十万言，善属文。曹操看到他的文章，对他说："这是求别人写的吧？"曹植跪下说："言出为论，下笔成文，固当面试，奈何求人！"当然，曹植虽然文学成就极高，但为人轻狂，缺乏做人的智慧，最终成为政治上的失败者。

善辩张仪：张仪是魏国人，他完成学业后，就去游说诸侯。一次，张仪陪着楚相喝酒，却被怀疑偷了楚相的玉璧，他被拘捕起来，拷打了几百下才回家。他的妻子又悲又恨地说："唉！你要是不读书游说，又怎么能受到这样的屈辱呢？"张仪对他的妻子说："你看看我的舌头还在不在？"他的妻子笑着说："舌头还在呀。"张仪说："这就够了。"张仪善辩，靠着一副伶牙俐齿破坏合纵，推行连横，从而谋弱山东六国，强秦成其霸业。张仪不可谓不智，却被孟子讽刺为"妾妇之道"；他的所作所为又难以摆脱战国时代尔虞我诈的大背景。由此也可见，孟子"知人论世"认识方法的独特意义。

驿旅客逢梅子雨，池亭人挹藕花风。
茅店村前，皓月坠林鸡唱韵；
板桥路上，青霜锁道马行踪。

——《笠翁对韵·一东》

【找一找】

1.“梅子雨”“藕花风”各暗含了几月的时令？你还知道哪些词可以暗指时令？

2.“茅店”一联情景宛然，请依这一联描写的情境讲述一个故事。

【名联赏析】

养心莫善寡欲；
至乐无如读书。

——郑成功自题

大英雄郑成功纵横四海，是因为他能以淡泊来养心智。因无过多的欲望，自然不会心生贪婪而陷入美中不足的纠结中。另外，读书、读好书，并从书中获取知识的快乐，又岂是其他快乐能够比拟的呢？

审音与炼字

宋词的欣赏，首先当从格律美的角度去领略。离开词的格律而去侈谈词的艺术之美，很容易流为浮词泛语。

词调的格律虽然千变万化，但是每个词都不能随意增减，也不应用错四声平仄。因为词这种文学形式是按谱制词的歌唱文学，所以称为“填词”。填好的词立付乐手歌喉，按拍寻声。如有某字错填，音律有乖，顿觉“荒腔倒字”（“倒字”就是唱出来的字音听起来是另外的字了）。比如“兰音”唱出来成了“滥饮”，岂不笑话。因此词人作家第一就要精于“审音辨字”。

因为这样的缘故，“青山”“碧峰”“翠峦”“黛岫”这些变换的词就可以根据格律而精炼选用。所谓“炼字”，绝不是故意炫才，更不是文人喜好“玩弄”文字。炼字之精要与否，全看作者功力，比如“青霄”“碧落”，意味不同；“征雁”“飞鸿”，神情自异。“落英”缤纷并非等同于“断红”狼藉；“霜娥”幽独，绝不相类乎“桂魄”高寒。汉字含义渊深，“含英咀华”与“咬文嚼字”，虽然造语雅俗有分，却是道着了赏会词中汉字的最为关键的精神命脉。

永遇乐·京口北固亭怀古[1]

南宋·辛弃疾

千古江山，英雄无觅，孙仲谋处。舞榭歌台，风流总被，雨打风吹去。斜阳草树，寻常巷陌，人道寄奴曾住[2]。想当年，金戈铁马，气吞万里如虎。

元嘉草草[3]，封狼居胥，赢得仓皇北顾。四十三年，望中犹记，烽火扬州路。可堪回首，佛狸祠下[4]，一片神鸦社鼓。凭谁问：廉颇老矣[5]，尚能饭否？

【注释】①京口：古城名，即今江苏镇江。②寄奴：南朝宋武帝刘裕小名。③元嘉：宋武帝刘裕之子刘义隆的年号。刘义隆好大喜功，仓促北战，反而让魏主拓跋焘抓住机会，使其遭受重创。④佛狸：北魏太武帝拓跋焘小名佛狸。公元450年，他反击刘宋，两个月的时间里，从黄河北岸一路穿插至长江北岸，并在长江北岸瓜步山建立行宫，即后来的佛狸祠。⑤廉颇：战国时期赵国名将。据《史记·廉颇蔺相如列传》记载，廉颇被免职后，跑到魏国，赵王想再次任用他，便派人去看他的身体情况。廉颇仇敌郭开贿赂使者，使者看到廉颇，廉颇为之米饭一斗，肉十斤，被甲上马，以示尚可用。使者回来报告赵王说："廉颇将军虽老，尚善饭。然与臣坐，顷之三遗矢（通假字，即屎）矣。"赵王以为廉颇已老，遂不用。

【译文】

千古江山，难觅孙权这样的英雄。舞榭歌台犹在，英雄人物却已消散在历史长河中。斜阳余晖，映照普通小巷草树，人们都说，寄奴曾在那里居住。回想当年，他领军北伐、收复失地，气势如虎！

刘裕不肖子刘义隆，好大喜功、行军仓促，欲扩疆土不料反遭对手重创。北魏太武帝拓跋焘挥师南下，直抵长江北岸。四十三年了，曾经扬州路上的烽火连天，仍历历在目。不堪回首，当年拓跋焘行宫外竟有汉族百姓祭祀，乌鸦啄食祭品，人们敲着社鼓。只当他是一个神祇，却不知曾是一位皇帝。还有谁能去问：廉颇老了，尚能饭否？

【诗在说什么】

这是一首咏史怀古诗，因其用典丰富且天衣无缝地表达了词人情感而历来备受推崇。

词之上阕，怀古抒情。词人登临北固亭，眺望如画江山，忍不住怀想这片土地上建功立业的英雄人物：三国时期孙权，曾欲一统中原，迁都建业之前，以“京口”为都，击退来犯的曹军；南朝宋武帝刘裕，也曾以京口为基，平内乱，取东晋，两度北伐几复中原。但如今，胜迹犹在，英雄难觅。

词之下阕，借古讽今。以古之刘义隆仓促北伐致使国运衰败；劝今之南宋统治者切勿仓促应战，以遭败绩。回顾几十年抗金历史，壮志难酬，中原难收，然百姓已淡忘国耻，如不尽快筹谋划策，恐民心将散。最后，词人以廉颇自比，抒慷慨激昂之志，发英雄无用武之地之叹。

【想一想】

1. 词的上阕，化用了哪两个典故？请写出主人公的名字并讲讲和他们相关的故事。

2. 词的下阕，提到了宋文帝刘义隆，诗人是什么用意？

3. 结尾提到："凭谁问，廉颇老矣，尚能饭否"是何含义？

【学以致用】

1. 想当年，金戈铁马，____________________。

2. 四十三年，望中犹记，____________________。

3. 可堪回首，佛狸祠下，____________________。

知人论世

【玩法】

1. 首先参加的同学，每个人讲一个时事热点话题。

2. 讲完后，大家投票谁会对这个话题感兴趣。

3. 投票结束后，指定感兴趣的同学回答是或否。

【思考】

投票的结果是否正确？你对自己的同学是否够了解？

【启示】

启发学生了解自身所处环境，进一步引导他们“知人论世”，了解古人、学习古人智慧。

国学常识

古人的交友之道

《白虎通》说："朋友之道有四焉，通财不在其中。近则正之，远则称之，乐则思之，患则死之。"扬雄《法言》说："朋而不心，面朋也；友而不心，面友也。"讲述了朋友之间由近到远，生死与共的关系，以及诚心相待的重要性。而这些，往往与外物无关。

祢衡与孔融相交，互称尔汝。当时祢衡年纪不满二十岁，而孔融已是五十开外的人了。因为两人心性相投，学识相当，所以人们不以为怪。荀巨伯去外乡探望病重的朋友，不料传来了胡人攻打此地的确实消息。友人说："我病的这样重，早晚要死掉。你赶快离开求生才是。"荀巨伯却说："我不辞路远来看你，如今你有难让我舍你而去，这怎么能是我荀巨伯的行径呢？"城破后，胡人问荀巨伯："满城的人都逃空了，你是什么人竟敢还在这里？"荀巨伯从容地回答说："我朋友病重，我不忍心抛下他，如果你们要杀就杀我，我来代替他一死。"胡人们听了这话觉得惊异，互相看着说："我们怎么能在仁义之乡做不仁不义的事情呢？"于是纷纷退去，整郡都得救了。

可知士君子正心诚意，始能遇知交。然后在与朋友交往的过程中，愈加使自己的人格趋于完满。

第五单元

自重自强即为

魏文侯期猎

战国初期，有一次，魏文侯同管理园囿的官吏约定了打猎日期。到了这一天，魏文侯先与百官饮酒畅谈，君臣欢悦无比。席间，突然下起雨来。魏文侯看着约定的时间马上就要到了，连忙吩咐左右，准备前去赴约。

随从侍臣问道：“大王，今天饮酒如此快乐，而且现在风吹雨打的，您这是打算去哪儿呢？”魏文侯说：“之前，我已经和管理园囿的小吏约好要去打猎了，虽然这里很开心，但又没有什么特别的事情，不能不去赴约啊！虽然风雨交加，但若因此而违约失信，君子所不齿啊。”于是，停止宴席，顶风赴约。

因为魏文侯做事非常守信，内政外交赢得了广泛尊重，魏国渐渐强大起来了。

自重自强即为信

【释析】人之为学，首重“立志”。然志亦有多种，有计功谋利，有成圣成贤。在古人看来，成圣成贤才是人生第一等事。程子认为，“有求为圣人之志，然后可与共学”，此说最好。自重者莫过于此，自强者亦莫过于此。

春秋 · 勾践

人物简介

勾践（约前 520—前 465），春秋末年越国国君。前 496 年即位，曾败于吴国，被迫求和。返国后重用范蠡、文种，卧薪尝胆使越国国力渐渐恢复起来。后灭吴称霸，是春秋时期最后一位霸主。

有志者，事竟成，破釜沉舟，百二秦川终属楚；
苦心人，天不负，卧薪尝胆，三千越甲可吞吴。

——清·蒲松龄

卧薪尝胆

春秋末期，吴王夫差发兵打败了越国，越王勾践被捉来吴国当了马夫，日夜侍候马匹。

对于一个国君来说，这实在是非常难堪的。但是勾践暗下决心，一定要恢复自己的国家，所以他没有露出丝毫的抗拒神态，老老实实地养马。越王勾践每天晚上睡在柴草上，临睡前，用舌头舔舔悬挂在马棚里的苦胆，以此来提醒自己要发奋图强，报仇复国。

勾践回国后，决心要使越国富强起来。他亲自参加耕种，和百姓同甘共苦。经过二十年的充分准备，勾践看时机已经成熟，就在吴国没有防备的情况下，领兵把吴国打得大败。夫差感到很羞愧，举剑自刎而死。

追根溯源

金文

小篆

隶书

楷书

《说文解字》:“性,人之阳气性善者也。从心,生声。”

【字源分析】金文中的“性”,象草木新芽破土而出,表示内在的本性;后增“心”字,表示人内在的本性通过心显现出来。

【本　　义】人的本性。

【引 申 义】事物的属性;人的性情、脾气;性别。

甲骨文

小篆

隶书

楷书

《说文解字》："长，久远也。从兀从匕，亾[wáng]声。兀者，高远意也；久则变匕。"

【字源分析】甲骨文中的"长"，象有着长头发的老人。

【本　　义】长者。

【引 申 义】高大；久远。

自强不息

天行健，君子以自强不息。

——《周易大象传》

【释义】自己努力上进，永不懈怠。指一种积极的人生态度。

自然运行刚强劲健，君子处世也应刚毅坚强，永不停息。

【找一找】

下面的成语，哪些是“自强不息”的近义词？哪些是“自强不息”的反义词？请把它们找出来。

发愤图强　　自暴自弃　　励精图治

发扬蹈厉　　纵情恣欲　　自轻自贱

【组词】

根据提示，把下面的空白填充完整。

（　）精（　）治　　发（　）蹈（　）　　自（　）自（　）

孟子

滕文公为世子[①]，将之楚，过宋而见孟子。孟子道性善，言必称尧舜。

世子自楚反，复见孟子。孟子曰："世子疑吾言乎？夫道一而已矣。成瞯谓齐景公曰[②]：'彼，丈夫也；我，丈夫也；吾何畏彼哉？'颜渊曰：'舜，何人也？予，何人也？有为者亦若是。'公明仪曰[③]：'文王，我师也；周公岂欺我哉？'今滕，绝长补短，将五十里也，犹可以为善国。《书》曰：'若药不瞑眩[④]，厥疾不瘳[⑤]。'"

——《滕文公章句上》

【注释】①世子：即太子。"世"和"太"古音相近，古书常通用。②成瞯[jiàn]：齐国的勇士。③公明仪：人名，复姓公明，名仪，鲁国贤人，曾子学生。④瞑眩：眼睛昏花看不清楚。⑤瘳[chōu]：病愈。

【译文】

滕文公还是太子的时候，要到楚国去，经过宋国时拜访了孟子。孟子给他讲善良是人的本性的道理，话题不离尧舜。

太子从楚国回来，又来拜访孟子。孟子说："太子不相信我的话吗？道理都是一致的啊。成瞯对齐景公说：'他是一个男子汉，我也是一个男子汉，我为什么怕他呢？'颜渊说：'舜是什么人，我是什么人，有作为的人也会像他那样。'公明仪说：'文王是我的老师；周公难道会欺骗我吗？'现在的滕国，假如把疆土截长补短也有将近方圆五十里吧，还可以治理成一个好国家。《尚书》说'如果药物不能使人吃得头晕脑转，那病是不会痊愈的。'"

【解读】"孟子道性善，言必称尧舜"，实际上是为人们树立了一种理想信念和成功典范。"性善"是人可以趋近完美的因素，尧舜则是趋近完美的典范。读孟子此段文字，有志者自当能感奋兴起。

围炉夜话

天地生人，都有一个良心；苟丧此良心[1]，则其去禽兽不远矣[2]。

圣贤教人，总是一条正路；若舍此正路，则常行荆棘之中矣[3]。

【注释】①苟：如果。②去：距离。③荆棘：困难的境地。

【译文】人生于天地之间，都有天赋的良知良能，如果失去了它，就和禽兽无异。圣贤教导众人，总会指出一条平坦的大道，如果放弃这条路，就会走在困难的境地中。

颜氏家训

君子当守道崇德，蓄价待时[1]，爵禄不登，信由天命。

【注释】①蓄价：积蓄才能和身价。

【译文】君子应当尊崇先王之道、修养德业，积蓄才能和身价以等待时机，至于能否获得爵禄，则交给老天。

情境剧场

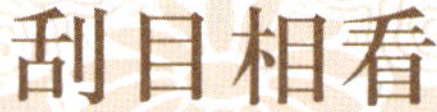

刮目相看

三国时，吴国吕蒙识字不多，自称“大老粗”，不爱学习。吴国国君孙权劝他要多读点书，对他说：“你身上的担子很重，没有文化是不能统率千军的。一个将军不仅要勇敢，还要有智谋，才能服众。”吕蒙听了不以为然，他对孙权说：“军营里的事情太多了，没有多余的时间读书啊！”孙权知道吕蒙在找借口，就很严肃地批评了他，列举了许多刻苦学习，成就不凡之人的例子，并说：“要想读书学习，时间总是可以找到的。”

吕蒙听了孙权的教导以后，发奋读书，白天处理军务，晚上常常挑灯夜读，逐渐就喜欢上了读书。几个月下来，吕蒙的知识明显丰富多了。有一次鲁肃到军营来看望吕蒙，两人一起讨论一些问题。鲁肃发现吕蒙的举止谈吐跟以前相比好像换了个人似的，感到很惊讶，问道：“吕将军好像与以前大不一样，是怎么回事啊？”吕蒙听后哈哈大笑：“朋友相处，三日不见，当刮目相看，我早就不是从前那个粗鲁的阿蒙了！”鲁肃看到他的进步，十分高兴。孙权也听说了吕蒙发奋读书的事，对他更加器重了。

乐羊七载，方朔三冬。

——《龙文鞭影·二冬》

【译文】乐羊曾经外出求学，七年不曾回家；东方朔从十二岁开始读书，年过三载所学已足够作文论史之用。

【典故背景】

乐羊七载：乐羊是西汉时期的人物。有一次，他捡到一块别人丢失的金子，回家给了妻子。妻子说："妾闻志士不饮'盗泉'之水，廉者不受嗟来之食，况拾遗求利，以污其行乎？"羊子听后十分惭愧，就把金子扔弃到野外，然后远出拜师求学去了。仅仅过了一年，乐羊就回家了，妻子问其缘故，他说："长久在外，想家了。"于是，妻子拿刀走近织布机说："夫子你去积累学问，现在如果半途而归，与我半途割断布匹有什么不同？"乐羊受到感动，重新回去开始学业，七年不返。最终学有所成。

方朔三冬：汉代人东方朔，性格诙谐，言辞敏捷，滑稽多智，常在武帝前谈笑取乐，他常言政治得失，陈农战强国之计。他曾上疏皇帝说："年十二学书三冬，文史足用；十五学击剑；十六学诗书，诵二十二万言；十九学孙吴兵法阵战之具……若此，可以为天子大臣也。"

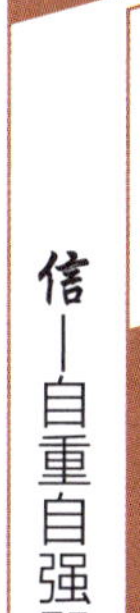

格律赏析

山对海，华对嵩。四岳对三公。
宫花对禁柳，塞雁对江龙。
清暑殿，广寒宫。拾翠对题红。
庄周梦化蝶，吕望兆飞熊。

——《笠翁对韵·一东》

【找一找】

1. 除了“华”“嵩”，你还知道哪些名山可以相对？

2. “山”除了对“海”，还可以对什么？

【名联赏析】

喜有两眼泪，多交益友；
恨无十年暇，尽读奇书。

——包世臣自题联

包世臣是清代著名的书法家、书学理论家。他毕生留心于经世之学，并勤于实际考察。东南大吏每遇兵、荒、河、漕、盐诸巨政，就向包世臣咨询，他对于漕运、水利、盐务、农业、民俗、刑法、军事等，都能提出有价值的见解，以此名满江淮。而就是这样一位饱学之士，还常恨自己没有余暇读尽奇书，岂不令虚掷光阴者愧杀？

父子三词客

苏洵、苏轼、苏辙父子三人都是北宋著名文学家，世称“三苏”。宋王辟之《渑水燕谈录》云：“苏氏文章擅天下，目其文曰三苏。”洵为老苏，轼为大苏，辙为小苏。清人张鹏翮［hé］撰四川眉山三苏祠联曰：“一门父子三词客，千古文章四大家。”上句赞颂苏门出了三位文豪，下句把韩愈、柳宗元、欧阳修、苏轼称为“四大家”。

父子三人称霸文坛，这在我国文学史上并不多见。他们完成了宋代文学改革，使宋代文学成为继唐代文学之后的又一个高峰。名震京师的三苏父子曾使宋仁宗感叹：天下好学之士多在眉山！并称苏轼兄弟是宰相之才。他们凭着辉煌的文学成就，同登唐宋八大家之列，千古文章传唱古今。

三苏在文学上的造诣，既同出一源又各有千秋。人们常说凝练老泉，豪放东坡，冲雅颖滨。苏氏父子不仅文采斐然，而且光明磊落，关心国家命运，为官清廉，同情民间疾苦，为贫苦百姓做了不少好事。今天的眉山人以三苏为荣，人人称赞文学巨匠的风采。

渔家傲

北宋·范仲淹

塞下秋来风景异①，衡阳雁去无留意。四面边声连角起②。千嶂里③，长烟落日孤城闭。

浊酒一杯家万里，燕然未勒归无计。羌管悠悠霜满地④。人不寐，将军白发征夫泪！

【注释】①塞下：边境险要之地，这里指西北边疆。②角：古代军队中的一种乐器。③嶂：像屏障一样并列的山峰。④羌管：羌笛。

【译文】边境的秋景与中原完全不同，飞向衡阳的大雁毫不留恋此地。四面八方的边塞之音随着号角声响起。重重叠叠的山峰里，长烟直上，落日余晖，城门孤单单紧闭。

饮一杯浊酒怀念远方家乡，可是燕然山还未刻上平胡功绩，回归之日无法预料。羌人笛声悠扬，白霜铺满大地。出征的人无法入睡，将士们早已潸然泪下。

【词在说什么】

这首词真实地表达了戍边将士思念家乡与亲人，更凸显了他们热爱祖国、誓守边疆的忠贞情怀。

词之上阕，描写边塞秋景，化用“衡阳”回雁峰的典故，抒发久居塞外，渴望归乡的情感。人非草木，孰能无情？边塞的凄冷与思乡的温馨，为边关秋景增添一抹柔情。

词之下阕，以“浊酒”暗喻故乡难归的沉重心情：浑浊的酒如愁苦的心，长期戍边却无败敌之计、破敌之功，落日黄昏，更添无限惆怅。“燕然未勒”犹“匈奴未灭，何以家为”，白发将军当属此类！

【想一想】

1.“塞下秋来风景异”中的“异”，体现在哪些方面？

2.“人不寐，将军白发征夫泪”，表达了诗人怎样的情感？

【学以致用】

请根据学过的内容，把下面的空白补充完整。

1. ________________，衡阳雁去无留意。

2. ________________，燕然未勒归无计，________________。

囚徒游戏

【道具】

一间屋，两个凳子，一张桌子。

【玩法】

1. 三个同学，一个担任法官，两个担任罪犯。

2. 两个罪犯在事先没沟通的条件下被单独审判。

3. 规则：

（1）如果两罪犯同时都不揭发对方，因为证据不足，两人将被释放，不会成为囚徒。两罪犯同时获胜；

（2）如果 A 揭发 B，B 不揭发 A，A 获释，B 被羁押，A 获胜；

（3）A 揭发 B，B 揭发 A，A、B 同时入狱，法官获胜。

【思考】

这个游戏，哪方获胜的几率更大一些？你们游戏结束后，哪方获胜了？

【启示】

这是 1950 年美国兰德公司提出的"囚徒理论"，这个游戏看似罪犯很容易脱罪，却往往结果是两者同时入狱。问题在于，罪犯之间彼此有很大的不信任感，另外都想让自己脱罪，而不自重，一般不会希望自己坐牢而别人获释，所以，往往结果却是最坏的。

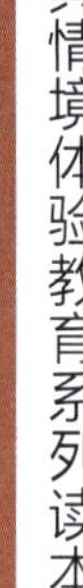

真茶之真味

初试茗香，但知其苦，细细回味，方觉甘甜。茶就是这样一种神奇的植物，它制成的饮料始于东方，盛行于世界。

古人语：茶之产于天下多矣！可知自古中华大地诸多地区都出产茶叶。比如剑南有蒙顶、石花，湖州有顾渚、紫笋，峡州有碧涧、明月，邛[qióng]州有火井、思安，渠江有薄片，巴东有真香，福州有柏岩，洪州有白露，常之阳羡，婺[wù]之举岩……古人为茶论序，总以石花最上，紫笋次之，又次以碧涧、明月之类，可惜如今这些茶已不可再得，使人怅然。明朝时虎丘山茶令人称奇，可惜少而难得。浙江六安茶品绝精，然而非得精妙的炒茶手法不足以彰其香色，因此精品也很难得。杭州龙井冠绝天下，可惜仿冒者众，即便杭州人也难一品真味。据此可见，便是吃“苦”，也不是一件寻常易得的事了。

茶这种植物喜欢温暖，故而于江南最盛。然而有趣的是，岭南等地也有茶叶出产，但当时的人似乎并不买账。古人在序茶的书中着重讲过，岭南茶叶风味极佳，然而当地多瘴疠之气，所产的茶不可轻饮。再者古人饮茶总以真味为难得，甚至认为日晒的茶优于火炒的茶，对于南边儿出产的团茶、茶饼，因其茶叶都已经过碾压，古人看来，那是丢掉了茶的真情真味，不足取的。

一心二叶三泉水，清淡如许，然而古人最爱的，就是这一种自然、天真。

頑戲

閙學

卷十九

第六单元

素位而行即为

忠

魏绛忠于职守

春秋时期，晋悼公与诸侯会盟。期间，他的兄弟扬干不守军纪，扰乱队伍。中军司马魏绛就将其驾车者正法。晋悼公知道后十分生气，认为魏绛在诸侯会盟的关键时刻不给自己面子，下令捉拿魏绛。中军尉羊舌赤说："魏绛忠心耿耿，说一不二。就算真有罪，也不会逃避；不用去抓，他自己会来请罪的！"果然，魏绛很快来到近前，向国君呈上请罪简册，想要拔剑自杀，却被士鲂、张老二人拦下。

晋悼公打开简册，上面写道："主公圣恩，选我为司马，司马是执掌军法的。军人顺从才是'武'，守法不违才是'敬'。主公会盟，何等大事！我军有人犯法，就是'不武'；我若徇私枉法，就是'不敬'。不得已将驾车者正法。影响了主公大事，请以死相谢。"晋悼公读罢，赤脚奔出帐外，向魏绛道歉谢罪。

此后，晋悼公十分看重魏绛，擢升其为新军将佐。

素位而行即为忠

【释析】人在社会中总是扮演着不同的角色，如：对父而言是子、对长来说是幼、对妻而言是夫等。那么人应如何处理好这些关系呢？古人说得明白——“素位而行”。“素位而行”就是认清自己的身份、地位，并且恪守这种身份地位所应尽的义务。如为父应慈、为子应孝、为君应仁、为臣应忠、为友应信等。人唯有“素位而行”才允称至善。

 西汉 · 曹参

人物简介

曹参（? —前 190），字敬伯，沛人，西汉开国功臣，是继萧何后汉代的第二位相国。

精神传承

萧规曹随，留侯画策。

——汉·扬雄

萧规曹随

曹参接替萧何做汉朝的相国，所有的事务都没有改变，完全遵守萧何制定的规约。汉惠帝责怪曹参不治理国事。曹参摘下帽子谢罪说：“陛下自和高皇帝相比，谁更圣明英武？”惠帝说：“我怎么敢和先帝相比呢！”曹参又说：“陛下看我的能力和萧何比哪一个更强？”皇上说：“你好像赶不上萧何。”曹参说：“陛下说得正确。高皇帝和萧何平定天下，法令已经明确，现在陛下垂衣拱手（指无为而治），我这样一类人恪守职责，遵循前代之法，不是很好吗？”

追根溯源

金文

小篆

隶书

楷书

《说文解字》："素，白緻缯也。从糸，取其泽也。"

【字源分析】金文中的"素"，从"来"，象麦子之形；从"索"，象编结的草绳；从"廾"，象双手之形，表示编织草绳。合起来表示以麦秆儿为材料的编织物。

【本　　义】未染色的丝织品。

【引 申 义】本质；本性。

金文

小篆

隶书

楷书

《说文解字》:“位,列中庭之左右谓之位。从人立。”

【字源分析】“立”是“位”的本字。金文中的“位”,象“人”规规矩矩立于地面之上。后增加“人”字,以区别于一般的站立。

【本　　义】官吏在朝廷上站立的位置。

【引 申 义】官位;职位。

兼山，艮，君子以思不出其位。

——《易 · 艮》

【释义】思：考虑。位：职位。考虑问题不逾越自己的职责范围。

两座大山重叠，象征“抑止”；君子因此自我抑止内心邪欲、所思所虑不超越本位。

【找一找】

下面的成语，哪些是“素位而行”的近义词？哪些是“素位而行”的反义词？请把它们找出来。

安分守己　　循规蹈矩　　尸位素餐

滥竽充数　　游手好闲　　规行矩步

【组词】

根据提示，把下面的空白填充完整。

（　）分（　）己　　（　）位素（　）　　（　）行（　）步

孟子

孟子谓蚳蛙曰[1]："子之辞灵丘而请士师[2]，似也，为其可以言也。今既数月矣，未可以言与？"

蚳蛙谏于王而不用，致为臣而去。齐人曰："所以为蚳蛙则善矣；所以自为，则吾不知也。"

公都子以告[3]。

曰："吾闻之也：有官守者，不得其职则去；有言责者，不得其言则去。我无官守，我无言责也，则吾进退，岂不绰绰然有余裕哉？"

——《公孙丑章句下》

【注释】①蚳[chí]蛙：齐国大夫。②灵丘：齐国边境邑名。士师：官名，管禁令，狱讼，刑罚等，是法官的通称。③公都子：孟子的学生。

【译文】

孟子对蚳蛙说："您辞去灵丘县长而请求做法官，这似乎有道理，因为可以向齐王进言。现已经过了好几个月了，还不能向齐王进言吗？"

蚳蛙向齐王进谏，齐王不听，因此辞职而去。齐国人说："孟子为蚳蛙的考虑倒是有道理，但是他怎样替自己考虑呢？我们就不知道了。"

公都子把齐国人的这番话告诉了孟子。

孟子说："我听说过：有官位的人，如果无法尽其职责就应该辞官不干；有进言责任的人，如果言不听，计不从，就应该辞职不干。至于我，既无官位，又无进言的责任，那我的进退去留，岂不是很自如吗？"

【解读】

人的进退出处并无一定的准则，当随其所处位置而定。孟子、蚳蛙所处不同，进退自然不同：蚳蛙有官守，有言责，谏言不听而去，是在尽其本分；孟子当宾师之位，无官守，无言责，虽宽裕如此，也还在其分内。因此，就共通处说，二人都是当于理而无私心的，他们都做到了"素位而行"。

围炉夜话

古人比父子为桥梓[①]，比兄弟为花萼[②]，比朋友为芝兰[③]。敦伦者[④]，当即物穷理也。

今人称诸生曰秀才[⑤]，称贡生曰明经[⑥]，称举人曰孝廉[⑦]。为士者，当顾名思义也。

【注释】①桥梓：又作"乔梓"。乔、梓，均为木名。古人以乔木喻父，而梓木喻子，因为乔木高高在上，而梓木低伏在下。②花萼：花萼喻兄弟，因为同出一枝，彼此相依。③芝兰：比喻朋友。《孔子家语》："与善人居，如入芝兰之室，久而不闻其香，即与之化矣。"朋友贵在相劝，故以芝兰比喻朋友。④敦伦：敦睦人伦。⑤秀才：读书人的通称。⑥贡生：科举时代因学行优良，被举荐升入太学的生员。明经：唐制以经义取士，谓之明经。⑦举人：明清时在乡试中被录取的人。孝廉：明清举人的别称。

【译文】古时候的人，把"父子"比喻为乔木和梓木，把"兄弟"比喻为花与萼，将"朋友"比为芝兰香草，因此，有心想敦睦人伦的人，由万物的事理便可推见人伦之理。现在的人称读书人为"秀才"，称被举荐入太学的生员为"明经"，又叫举人为"孝廉"，因此读书人可以就这些名称，明白其应有的内涵。

颜氏家训

人生在世，会当有业[1]：农民则计量耕稼，商贾则讨论货贿[2]，工巧则致精器用，伎艺则沈思法术[3]，武夫则惯习弓马，文士则讲议经书。

【注释】①会：一定。②货贿：经营取利。③伎：同“技”。沈：同“沉”。

【译文】人在世上，一定会有各种各样的职业：农民要考虑如何种地，商人要讨论如何经营取利，工匠要思考把东西做得精致，手艺人要想办法把手艺打磨的更精深，武夫要经常练习弓马骑射，文士要常常讲论义理，因为这是他们的本职工作。

李离伏剑

李离是春秋时期晋文公的法官。他听察案情有误而枉杀人命，发觉后就把自己拘禁起来判以死罪。文公说："官职高低不一，刑罚也轻重有别。这是你手下官吏有过失，不是你的罪责。"李离说："我担当的官职是长官，不曾把高位让给下属；我领取的官俸很多，也不曾把好处分给他们。如今我听察案情有误而枉杀人命，却要把罪责推诿给下级，这种道理我没有听过。"他拒绝接受文公的命令。文公说："你认定自己有罪，那么我也有罪吗？"李离说："法官断案有法规，错判刑就要亲自受刑，错杀人就要以死偿命。您因为臣能听察细微隐情事理，决断疑难案件，才让我做法官。现在我听察案情有误而枉杀人命，应该判处死罪。"于是不接受晋文公的赦令，伏剑自刎而死。

倚闾贾母，投阁扬雄。

——《龙文鞭影·一东》

【译文】贾母靠着家门张望自己的孩子，期盼他回家；扬雄从阁楼上跳下，几乎摔死，这是怕被株连的缘故。

【典故背景】

倚闾贾母：战国时期的王孙贾，十五岁时就被召进宫做齐王的侍臣。每次他回家晚了，母亲就会焦急地倚在门外等他回来。公元前 284 年，燕昭王派乐毅讨伐齐国，很快攻下了齐国都城临淄。齐王仓皇逃到了莒城。当时王孙贾没有在齐王身边，听说齐王出逃，急忙前去追寻；因不见齐王，只得回家。母亲问道："燕兵来了，你为何不保护齐王？"王孙贾道："我不知道大王在什么地方。"母亲非常生气，说："你每天回来晚了，我会倚在家门口等。你既然是大王的侍臣，竟然不知道他去哪儿了，你还回家干什么！"王孙贾听后很惭愧，马上离家再去打听齐王下落。后来，他率国人杀掉淖齿，又辅助新君继位，齐国得到了安定。

投阁扬雄：扬雄是西汉文学家。王莽当政时，扬雄的门人刘芬因符命获罪而被流放，扬雄正在天禄阁校书，怕被株连，就从阁上跳下，几乎摔死。当时人说他："惟寂寞，自投阁；爱清静，作符命。"

北牖当风停夏扇，南帘曝日省冬烘。
鹤舞楼头，玉笛弄残仙子月；
凤翔台上，紫箫吹断美人风。

——《笠翁对韵·一东》

【找一找】

1. 你知道“牖”是什么吗？关于为什么要用这个字，你能想到几种理由？

2. 如果你修建一个和“凤翔台”相对的建筑，你打算给它取什么名字？看谁想到的答案多。

【名联赏析】

清风有意难留我；
明月无心自照人。

——王夫之自题诗

王夫之，学人称船山先生，与顾炎武、黄宗羲并称明清之际三大思想家。他青年时期积极参加反清起义，晚年隐居于石船山，著书立说，自署“南岳遗民”。王夫之经常以“明月”“清风”代指明、清两朝，这一联就生动地表现了他一生都不忘故国的高尚情操。

大江东去书豪放

苏轼（1037—1101），字子瞻，又字和仲，号“东坡居士”，故世称“苏东坡”。眉州眉山（即今四川眉州）人，是北宋著名的文学家、书画家，“唐宋八大家”之一。苏轼父子合称三苏，与汉末“三曹”父子（曹操、曹丕、曹植）齐名，并与黄庭坚、米芾、蔡襄一起被称为书法“宋四家”。

苏轼文采斐然，工于词作，是豪放派宋词的代表人物。他的《念奴娇 · 赤壁怀古》《水调歌头 · 明月几时有》等作品脍炙人口，流传千古。然而写下如此波澜壮阔作品的苏轼，仕途却并非一帆风顺。他才华横溢被誉为宰辅之才，却因与当朝者意见相左而屡屡被左迁外调、贬官，甚至下狱。他自己在生命尽头所作辞世诗中写道：“问汝平生功业，黄州惠州儋州”，足见一生漂泊辗转，境况凄凉。可是我们看到苏轼的词作中，“大江东去、浪淘尽，千古风流人物”的豪情；“门前流水尚能西，休将白发唱黄鸡”的抱负；“归去，也无风雨也无晴”的波澜不兴；“此心安处是吾乡”的恬然淡定……活脱脱画出寥落境地中一个昂藏强项，慷慨豁达的文人形象。他被爱妾朝云调侃“一肚皮不合时宜”却并不恼怒，反而捧腹大笑，引朝云为知己。

观斯文，知斯人。苏轼的词作豪放自如，平易流畅，无怪乎释德洪为其题跋中评价道：“其文焕然如水之质，漫衍浩荡，则其波亦自然成文。”

定风波·莫听穿林打叶声

北宋·苏轼

三月七日沙湖道中遇雨。雨具先去，同行皆狼狈，余独不觉。已而遂晴，故作此词。

莫听穿林打叶声，何妨吟啸且徐行[①]。竹杖芒鞋轻胜马[②]，谁怕？一蓑烟雨任平生。

料峭春风吹酒醒[③]，微冷，山头斜照却相迎。回首向来萧瑟处[④]，归去，也无风雨也无晴。

【注释】①吟啸：放声吟咏。②芒鞋：草鞋。③料峭：形容微微寒冷，多指刚入春时的寒冷。④向来：方才。

【译文】

不用顾忌树林中风雨交加的声音，何妨高声吟诵从容而行。竹杖草鞋的轻便已然胜过骑马，有什么可怕？一身蓑衣亦可在风雨中安度此生。

料峭春风吹醒了我的酒意，身上略感寒冷，却见山头斜阳微笑相迎。回首来时，风也萧萧雨也萧萧。回去吧！管他风雨还是晴！

【诗在说什么】

这首词是词人被贬黄州后所作。借途中遇雨之事，抒写乐观豁达、超然物外的坦荡胸襟。

词的上阕，词人归途之中，偶遇恶劣天气，风雨交加。更兼仆人先行离去，同行之人怨声载道，唯东坡“吟啸且徐行”，一派从容淡定。不仅如此，“竹杖芒鞋”即胜过高头大马，安贫乐道的隐逸之思娓娓传递。世间风雨“谁怕”？“一蓑烟雨”，闲庭信步，即可安然度平生。

词的下阕，乍暖还寒之际，微冷；但山间斜阳，却令人惊喜。可见世事无常，人生悲喜本就在一念之间。历经坎坷的词人，虽“长恨此身非我有”，但也逐渐养成了宠辱不惊的心性，真的是得也坦然，失也坦然，“也无风雨也无晴”。

【想一想】

1．“山头斜照却相迎”，运用了哪种修辞手法？请简要赏析。

2．“回首向来萧瑟处，归去，也无风雨也无晴”，表达了诗人怎样的人生感悟？

【学以致用】

请根据学过的内容，把下面的空白补充完整。

1．________________，谁怕？________________。

2．料峭春风吹酒醒，微冷，________________。

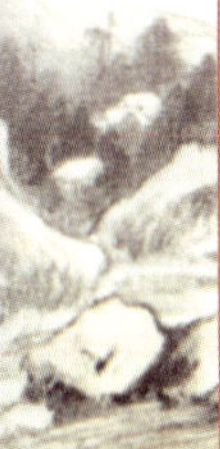

大树和松鼠

【玩法】

1. 游戏需要12个同学，1个同学是发令员，4个是松鼠，7个是大树；

2. 2个“大树”手拉手，围出一个小圈，扮演大树，1个松鼠在圈中，3个圈套着三个松鼠，有1个松鼠不在圈中，1个大树没有和别人形成圈；

3. 发令员喊“松鼠”，大树不动，松鼠赶快离开原来的圈，进入另外的大树围成的圈，没有在圈中的松鼠落败；

4. 发令员喊“大树”，松鼠不动，大树要松开原来的同伴的手，和另外的同伴重新围成圈并圈住松鼠，没有配成对的大树落败；

5. 发令员喊“地震”，松鼠和大树全部打乱重新组合，而且松鼠可以变为大树，大树变为松鼠，落单的落败。

【思考】

你在哪个环节落败了？你为什么能一直不失败呢？

【启示】

认准自己的岗位，完成好自己岗位应当完成的任务，才能保证不落败。

本味主义

“师法自然”实是数千年来指导华夏民族的精神纲领，小到一啄一饮之中，也无不透出中国人追寻的天然与本真。

比如饮茶之一道，北尚茉莉花，南爱铁观音。不论青瓷紫砂抑或搪瓷大缸，或细细品啜，或淋漓畅饮，总之几千年来华夏主流的茶文化中，茶是容不得动物性调味料的混杂的——这便是对植物本味的捍卫。茶可以和花一起窨制，使干茶夺了鲜花的馥郁，亦可与姜同饮，宽中而暖胃。西方盛行祁红调牛奶，谓之“奶茶”的喝法，其实并不能为中原大地的茶人所接受。掺杂了牛奶，茶汤不复透明晶亮，味道也浑浊浓郁，那一道自喉间透出上达囟门的清气也被掩盖了，怎么得见茶的妙处呢？再说绿茶里调蜂蜜的饮法——那茶汤的颜色会立时黑灰晦暗，不堪品赏了。至于以茶之名大行于世的“珍珠奶茶”，实在和“茶”没有什么关系。

再者，中国古代的菜肴制作中，汤菜自然是要煮，而菜蔬肉类最流行的烹饪方式则是蒸。只因相较杂乱的炒，掩盖了食物新鲜程度的炸，改变了食物本味的煎等种种烹饪方式，“蒸”才是最能体现食物本真味道和元香本色的料理手段。古代小说中，嗜“蒸”的这一习惯常见端倪，著名的《西游记》中，妖精捉了唐僧总是要留着“蒸食”的。蒸味，实是真味。

大道至简，大味至淡。饮食生活，莫不依理。

第七单元

不俭其亲即为

单元导读

辞官寻母

朱寿昌，字康叔，宋朝人。其父朱巽[xùn]为宋仁宗年间工部侍郎，其母刘氏为朱巽之妾。寿昌幼时，因朱巽嫡妻嫌恶，刘氏被弃，从此母子分离。长大成人后，他荫袭父亲功名，仕途顺畅。但对生母的思念，时刻萦绕于怀。有时因思念过甚，茶饭不思，涕泪横流。母子分离的五十年间，他多方打听生母下落，均杳无音讯。

宋熙宁初年，朱寿昌听说母亲流落陕西嫁为民妻的消息后，坚决辞官不做，与家人远别，前往陕西寻母，并对家人说："见不到母亲，我就不回来了！"精诚所至，他终于找到了自己的母亲。彼时，老母已七十有余，朱寿昌也年过半百。

其母离开朱家后改嫁他人，生子女数人，朱寿昌视其为亲弟妹，全部接回家中供养。有人将朱寿昌寻母之事上奏宋神宗，宋神宗知道后，责令官复原职。后朱寿昌官至朝议大夫、中散大夫，年七十而卒。

不俭其亲即为孝

【释析】在所有的伦常关系中，“父子”之伦最为本质。父母爱子之心至诚无私，人子孝敬父母也当做到至诚无私。表现在行为上就是“不俭其亲”。“不俭其亲”就是指人子在尽孝时，要尽到自己最大的能力分限。

 三国·陆绩

人物简介

陆绩（187—219），字公纪，吴郡吴县（今苏州）人。陆绩博学多识，通晓天文、历算。后出为郁林太守，加偏将军。在军中不废著作，曾作《浑天图》，注《易经》，撰写《太玄经注》。

“陆郎幼而知孝，大必成才。”术奇之，后常称说。

——晋·陈寿《三国志》

怀橘遗亲

陆绩，字公纪，吴郡吴县（今苏州）人，博学多识。

六岁时，他跟随父亲陆康到九江拜见袁术，袁术拿出橘子招待他们。大家吃得正开心时，袁术发现陆绩偷偷往怀里藏了两个橘子。临行时，橘子滚落到地上，袁术哈哈大笑，说道：“陆郎来我家做客，走的时候还要怀藏主人的橘子吗？”陆绩回答说：“母亲喜欢吃橘子，我想拿回去送给母亲尝尝。”袁术见他小小年纪就懂得孝顺母亲，十分惊奇，于是便把剩下的橘子都送给了他。

金文

小篆

隶书

楷书

《说文解字》:“俭(儉),约也。从人,佥[qiān]声。”

【本　　义】约束。

【引 申 义】俭约。

甲骨文

金文

篆书

楷书

《说文解字》:“母，牧也。从女，象怀子形。一曰象乳子也。”

【字源分析】甲骨文中的母，象跪在地上的女人，胸前两点指事符号，表示哺乳孩子的两乳。

【本　　义】母亲。

【引 申 义】女性；本源。

立身行道，扬名于后世，以显父母，孝之终也。

——《孝经·开宗明义》

【释义】

显：光显。亲：父母。使双亲显耀，使名声传扬。

人生在世，遵循仁义道德，事业有所建树，显扬声名于后世，从而使父母光显荣耀，这是孝的终极目标。

【找一找】

下面的成语，哪些是“显亲扬名”的近义词？哪些是“显亲扬名”的反义词？请把它们找出来。

菽水承欢　　义不背亲　　冬温夏凊

六亲不认　　大逆不道　　见利忘亲

【组词】

根据提示，把下面的空白填充完整。

（　）水（　）欢　　冬（　）夏（　）　　（　）逆不（　）

孟子

孟子自齐葬于鲁，反于齐，止于嬴[①]。

充虞请曰[②]："前日不知虞之不肖，使虞敦匠事[③]。严[④]，虞不敢请．今愿窃有请也：木若以美然[⑤]。"

曰："古者棺椁无度[⑥]，中古棺七寸[⑦]，椁称之。自天子达于庶人，非直为观美也，然后尽于人心。不得，不可以为悦；无财，不可以为悦。得之为有财，古之人皆用之，吾何为独不然？且比化者无使土亲肤[⑧]，于人心独无恔乎[⑨]？吾闻之：君子不以天下俭其亲。"

——《公孙丑章句下》

【注释】①嬴：地名，故城在今山东莱芜西北。②充虞：孟子的学生。③敦：治，管。匠事：木匠制作棺材的事。④严：急，忙。⑤以：太。⑥棺椁[guǒ]无度：古代棺材分内外两层，内层叫棺，外层的套棺

叫椁。棺椁无度是说棺与椁都没有尺寸规定。⑦中古：指周公治礼以后的时代。⑧化者：死者。⑨恔[xiào]：快，快慰，满足。

【译文】

孟子从齐国到鲁国安葬母亲后返回齐国，住在嬴县。

学生充虞请教说："前些日子承蒙老师您不嫌弃我，让我负责做棺椁的事。当时大家都很忙碌，我不敢来请教。现在我想把心里的疑问提出来请教老师：棺木似乎太好了一点吧！"

孟子回答说："上古对于棺椁用木的尺寸没有规定，中古时规定棺木厚七寸，椁木以与棺木的厚度相称为准。从天子到老百姓，讲究棺木的质量并非仅仅是为了美观，而是因为要这样才能尽到孝心。为礼制所限不能用上等木料做棺椁，不能够称心；没有钱不能用上等木料做棺椁，也不能够称心。既为礼制所允许，又有财力，古人都会这么做，我又怎么不可以呢？况且，这样做不过是为了不让泥土沾上死者的尸体，难道孝子之心就不可以有这样一点满足吗？我听说过：君子不因为天下大事而俭省应该用在父母身上的钱财。"

【解读】

孝亲，其最大者莫过于"丧尽其礼，祭尽其诚"。对"丧礼"的把握，有古今之异。孔子之时，文盛质衰，礼逐渐沦为一种形式。孔子说"丧，与其易也宁戚"，实际是一种补偏救弊，他强调丧礼要

回复到本质的层次，即人内心的哀恸之情上来，换言之即孝子当“尽其孝思”。孟子承继了孔子之道，对“丧礼”的本质把握自无问题，他在做好内心“尽其孝思”的同时，又强调仪式上的“不俭其亲”，要人做到本质与外在的统一。因此，就这个意义上说，孟子发展了孔子之道。

围炉夜话

待人宜宽，惟待子孙不可宽。行礼宜厚，惟行嫁娶不必厚①。

【注释】①厚：丰厚。

【译文】

对待别人应该宽容，唯独对待自己子孙不能骄纵；礼尚往来应该丰厚，唯独办婚事时不能过于铺张。

颜氏家训

二亲既殁[1]，兄弟相顾，当如形之与影，声之与响；爱先人之遗体，惜己身之分气，非兄弟何念哉？

【注释】①殁：去世。

【译文】

父母双亲都过世后，兄弟要互相照顾，就像身形和影子，声音与回响一样紧密；爱护父母给予的身体，珍惜从父母那里分得的血气，除了兄弟还能顾念谁呢？

情境剧场

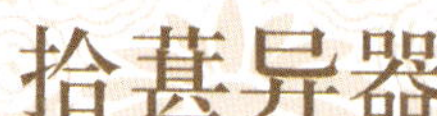

拾葚异器

蔡顺，汉代汝南人。年少家贫，父亲早逝，与母亲相依为命。时值饥荒之年又遇王莽之乱，米贵如珠，蔡顺无以供养母亲，只好每天捡桑葚回家与母亲充饥。

这一天遇到了赤眉军，义军厉声问他："为什么捡到红色桑葚和黑色桑葚分开装在两个篓子里？"

蔡顺回答道："黑色的桑葚味甜，给母亲吃；红色的桑葚味酸，留给自己吃。"

赤眉军怜悯他这样孝顺，便送他许多白米等食物，以示敬意。

典故解析

伯俞泣杖，墨翟悲丝。

——《龙文鞭影·四支》

【译文】韩伯俞因遭受母亲的杖责而哭泣；墨翟因看到染丝而悲伤。

【典故背景】

伯俞泣杖：汉朝的韩伯俞，生性非常孝顺。他母亲的家教很严厉，韩伯俞偶然有了小小的过失，他的母亲就要用拐杖打他，韩伯俞丝毫没有怨言。有一天。他的母亲又拿拐杖打儿子，韩伯俞忽然大哭起来。他的母亲觉得很奇怪，问他道："从前打你的时候，你总是和颜悦色地受，没有一次流眼泪的；今天打你，为什么哭了起来呢？"韩伯俞说："从前儿子有了过失，母亲打我的时候总觉得很痛；今天打我的时候，母亲的力量已经不能使我觉得痛了。由此可见母亲的精力已衰，恐怕以后的日子不多了，所以感到悲伤，哭起来了。"后来韩氏家族用这个典故来命名家族的堂号，名曰"泣杖堂"。

墨翟悲丝：墨翟是春秋、战国之际的思想家，人称"墨子"。墨子见染丝者而感叹说："染于苍则苍，染于黄则黄。所入者变，其色亦变……故染不可不慎也。"治国如染丝，人生也如染丝。这就是墨翟悲丝，通称悲染，用来比喻人受熏陶感化，客观环境对人的思想影响极大。

晨对午，夏对冬。下饷[xiǎng]对高舂[chōng]。
青春对白昼，古柏对苍松。
垂钓客，荷锄翁。仙鹤对神龙。
凤冠珠闪烁，螭[chī]带玉玲珑。

——《笠翁对韵·二冬》

【找一找】

1. 关于时间的词，你能找到多少组成对联？

2. 给“凤冠”这一联的上下联后面各续一句话，使上下联仍能对仗，看谁续的最工整。

【名联赏析】

真理学从五伦做起；
大文章自六经分来。

——申涵光自题联

申涵光出身名门，明末清初著名文学家。他十三岁随父亲宦游，廿二岁名满天下。此联中可知，他以“五伦”“六经”为学问根本，“五伦”即父子、君臣、夫妇、兄弟、朋友，是人最主要的五种伦常关系；“六经”即《诗》《书》《礼》《易》《乐》《春秋》，是修身治世的教化之学。二者相辅相成，不可剥离。

文学常识

溪亭日暮道婉约

李清照，祖籍山东济南，出身于书香门第、仕宦之家，是宋代杰出的词人，自号易安居士。父亲李格非进士出身，元祐年间“以文章受知于苏轼”，为“苏门后四学士”之一，官至礼部员外郎，是一位学识深湛的学者兼散文家，不仅散文写得出色，诗词造诣也极深。母亲王氏是状元王拱宸的孙女，亦知书能文，是一位颇有文学素养的大家闺秀，工词翰。

李清照少女时代，就生活在这样有着浓重文学氛围的家庭环境里，加之她聪慧颖悟才华过人，因此赋诗填词，具有颇高造诣。一首《如梦令·常记溪亭日暮》，寥寥数语，就让儿时回忆中那个难忘的瞬间跃然纸上。

这位中国宋代词坛上独树一帜的女词人，强调“词别是一家”，以女性词人特有的细腻纤巧写词，开婉约词新气象。她的婉约词内蕴丰富：一是闺情词，反映闺阁生活情趣；二是恋情词，反映恋情欢乐与爱情悲苦；三是伤乱词，反映内心苦闷，寄寓家国之情，身世之感。另一方面，她的婉约词艺术特色独具一格：在塑造鲜明生动自我形象之外，更有“平淡入妙”的语言艺术。王灼《碧鸡漫志》云：“易安自少年便有诗名，才力华赡，逼近前辈，在士大夫中已不多得。若本朝妇人，当推词采第一。”

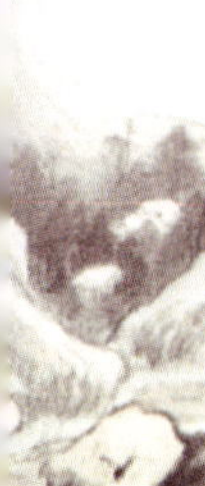

诗词鉴赏

秋波媚

七月十六晚登高兴亭望长安南山①

南宋·陆游

秋到边城角声哀，烽火照高台。悲歌击筑[②]，凭高酹酒[③]，此兴悠哉！

多情谁似南山月，特地暮云开。灞桥烟柳[④]，曲江池馆[⑤]，应待人来。

【注释】①高兴亭：在南郑（今属陕西）内城西北，与金兵当时占领区的长安南山相对。南郑地处南宋抗金前线，当时陆游正在南郑任上。②筑：古代的一种弦乐器。③酹 [lèi] 酒：把酒洒在地上的祭祀仪式。④灞桥：在今陕西西安城东。唐人送客至此，折柳送别。⑤曲江：池名，在今陕西西安东南。

【解读】

边城的秋天，号角哀鸣，烽火映照着高兴亭。击筑而上，登高而歌，撒一杯热酒，升起万丈豪情！

论多情，谁能像南山明月？将层层暮云推开。灞桥垂柳如烟，曲江楼台阁馆，都在月下伫立，等人来。

【词在说什么】

这首词充满着乐观气氛与胜利在望的喜悦，表达了诗人收复失地的强烈愿望与诚挚深切的爱国精神。

词之上阕，从角声烽火写起，对国土沦丧深感惋惜；击筑而歌，胜利在望的喜悦，令心潮澎湃，兴致昂扬。

词之下阕，赋南山月以人的情感，其多情正如词人对祖国山河的热爱。遥望长安南山，不由得想起灞桥杨柳、曲江池台，它们也正等待着宋朝军队的到来！词人以此暗示着抗金战争的未来，浪漫主义情调溢于笔端。

【想一想】

1.“多情谁似南山月”，诗人因何说“南山月”“多情”？

2. 这首词表达了诗人怎样的情感？

【学以致用】

请根据学过的内容，把下面的空白补充完整。

1. ________________，烽火照高台。

2. 灞桥烟柳，曲江池馆，________________。

时间分配

【道具】

字卡。

【玩法】

在纸片上分别写上爱情、亲情、金钱、友情、工作。让同学们：

1. 按照重要程度进行排序。

2. 按照时间安排进行排序。

3. 公布游戏结果。

【思考】

重要程度上，你把亲情排在什么位置？时间先后上，你把亲情排在什么位置？

【启示】

通过游戏，学生会发现：重要程度上，亲情的位置很靠前；时间安排上，留给亲情的时间又很少。这说明：孝道观念固然重要，实际行动更要重视。孝敬父母，就在当下。

宿窗犹自暖如煨

据说早在旧石器时代，北京人已经使用火来取暖照明了。春秋时期，人们发明了烧炭取暖的燎炉；燎炉常常配有灰箕，以便收藏和转移火种及残灰。一直到宋代，人们对这种取暖用具依然非常喜爱，苏辙和王安石都曾作诗赞美燎炉；而通过孟元老《东京梦华录》中的描写可以知道，燎炉最后甚至发展为一种祭祀用的器皿——可见其在时人心中的地位。

为了御寒，古人便在冬季食用生姜、羊肉、狗肉等温性食物来提升阳气，并且当时的人们已经发现了酒可以御寒这一特性。秦朝时，皇宫中出现了壁炉、火墙，至汉武帝时未央宫中修建了专供帝后冬天居住的温室殿。殿中以花椒和泥涂墙取暖，地面铺上西域的地毯，四周屏风围绕，张挂着帘幕。至今称皇后居处为“椒房”的典故由此而来。唐朝时，人们发明了外面加罩的手炉；宋朝时，进贡给内宫的炭居然要求必须做成吉祥鸟兽的形状，并且要有一定的纹理和成色——这在今天看来简直匪夷所思。宋朝还发明了在很长一段时间内大受欢迎的取暖器具——汤婆子。汤婆子又称锡夫人，类似于现今的暖水袋，是宋代直到民国都备受喜爱的民间“取暖神器”。

对于温暖的需求使人们不断发明发现各种取暖方式，在这片广袤的大地上，经寒历暑，安度恬适悠然的岁月。

第八单元

不视恶色即为

单元导读

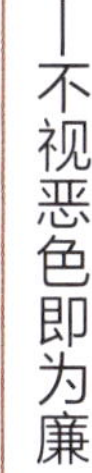

太妊孕子

周朝有一位祖先，名字叫作王季。他有一位十分贤德的王妃叫太妊，也就是周文王的母亲。太妊王妃品行端正，诚实守信，凡事一定要符合仁德她才会去做，否则坚决抵制。

后来，太妊怀孕了，为了培育合格的继承人，她对自己的要求更加严格，平日里：她的眼睛不会去看不好的东西，她的耳朵不会去听不好的内容，她的嘴巴里也不会说出狂妄的、傲慢的言语。日常起居时，她时时刻刻保持端正的姿势：睡觉的时候不会随意侧卧，高坐堂上的时候也不会侧坐或歪坐，站立的时候也绝不会歪着身子。日常饮食中，她不会吃有奇怪味道的食物，也不会吃切割不正的食物。正因如此，文王降生以后，聪明神圣，无人能及。后代的大儒像贾谊、司马迁、刘向等，都赞叹太妊王妃善于胎教。

孔子说："非礼勿视，非礼勿听，非礼勿言，非礼勿动"，就是这个道理。

品格修养

不视恶色即为廉

【释析】方正、有所持循是廉的真实意趣。究廉的根底，乃是人基于本有的是非判断，而作出的自觉拒绝外在染污的做法。“养廉”的方法多种多样，以孔孟之教而言，如孔子告诫颜子的“四勿”，孟子夸赞伯夷的“不视恶色”“不听恶声”，都是养廉的具体方法。

人物链接 唐·卢怀慎

人物简介

卢怀慎（？—716），滑州灵昌（今河南滑县）人，武周时任监察御史，后历任侍御史、御史大夫，玄宗开元元年（713）为宰相。

怀慎清俭，不营产业，器用服饰，无金玉绮文之丽。所得禄俸，皆随时分散，而家无余蓄，妻子匮乏。

—— 后晋 · 刘昫等《旧唐书》

卢怀慎清慎

唐朝宰相卢怀慎清正廉洁，不搜刮钱财，他的住宅和家里的陈设用具都非常简陋。

他当官以后，身份高贵，妻子和儿女仍免不了经常挨饿受冻，但是他对待亲戚朋友却非常大方。他在病危时，曾经写了一个报告，向皇帝推荐宋璟、卢从愿、李杰和李朝隐。皇帝看了报告，对他更加惋惜。安葬卢怀慎时，因为他平时没有积蓄，所以家人只好叫一个老仆人做了一锅粥招待办理丧事的人。后来，大学者王夫之评价说："卢怀慎清而慎，远声色，绝货利，卓然立于有唐三百余年之中，而朝廷乃知有廉耻。"

小篆

隶书

楷书

行书

《说文解字》:“清，朖（朗）也。澄水之皃（音 mào，同“貌”）。从水青声。”

【字源分析】篆文“清”从“水”获义，表示与“水”相关；从“青”，表示其色泽为“青”。合起来表示青碧色的水。

【本　　义】清水无杂质、澄澈透明的样子。

【引 申 义】干净；纯洁。

小篆

隶书

楷书

行书

《说文解字》："恶，过也。从心亚声。"

【字源分析】篆文中的"恶"，从"亚"，象人弯腰驼背的样子；从"心"，表示人对弯腰驼背的样子感到反感，不愿接受。

【本　　义】罪恶；罪过。与"善"相对。

【引 申 义】坏；不好。

冰清玉洁

伏惟伯陵材能绝人，高尚其志，以善厥身，冰清玉洁，不以细行荷累其名。

——晋 · 皇甫谧《高士传》

【释义】像冰一样清明，玉一样纯洁。比喻人品高尚、纯洁，做事光明磊落。

伯陵才能品德出类拔萃，志向高远。善处世，品格冰清玉洁，从不因小节而损害自己的美名。

【找一找】

下面的成语，哪些是“冰清玉洁”的近义词？哪些是“冰清玉洁”的反义词？请把它们找出来。

光明磊落　　寡廉鲜耻　　白玉无瑕

贪赃枉法　　不欺暗室　　贪污腐化

【组词】

根据提示，把下面的空白填充完整。

光（　）磊（　）　　白玉无（　）　　不（　）暗（　）

孟 子

孟子曰："伯夷，目不视恶色，耳不听恶声。非其君不事，非其民不使。治则进，乱则退。横政之所出[①]，横民之所止，不忍居也。思与乡人处，如以朝衣朝冠坐于涂炭也。当纣之时，居北海之滨，以待天下之清也。故闻伯夷之风者，顽夫廉[②]，懦夫有立志。"

——《万章章句下》

【注释】①横：暴。②顽：贪婪。

【译文】

孟子说："伯夷，眼睛不看丑陋的事物，耳朵不听邪恶的声音。不是他理想的君主，不侍奉；不是他理想的百姓，不使唤。天下太平就出来做官，天下混乱就隐退不出。施行暴政的国家，住有暴民的地方，他都不愿意居住。他认为和没有教养的乡下人相处，就像穿戴着上朝的礼服礼帽却坐在泥途或炭灰上一样。当殷纣王暴虐统

治的时候，他隐居在渤海边，等待着天下太平。所以，听到过伯夷风范的人，贪得无厌的会变得廉洁，懦弱的会变得意志坚定。”

【解读】

人要自洁，首先要懂得拒绝外在的不好因素，在这方面伯夷是我们的榜样，他“不视恶色”“不听恶声”的做法，确能激励人们“为善去恶”。然而，对于“恶”，我们如果执著太过，反而会成为一种道德洁癖，从而阻碍“恻隐爱人”之心的扩充。在这个意义上，我们认识伯夷的“廉”却有值得省思的地方，即“廉”不可太过，要做到“廉而不刿”（廉洁但不刻薄）才是符合中道的。

围炉夜话

粗粝能甘[①]，必是有为之士。纷华不染[②]，方称杰出之人。

【注释】①粗粝：粗茶淡饭。②纷华：声色荣华。

【译文】能够甘于粗茶淡饭生活的人，必然会大有作为；不把富贵荣华放在心上，才能称为杰出的人。

颜氏家训

涉险畏之途，干祸难之事，贪欲以伤生，谗慝而致死[①]，此君子之所惜哉；

行诚孝而见贼[②]，履仁义而得罪，丧身以全家，泯躯而济国，君子不咎也。

【注释】①谗慝：奸佞祸患。②贼：害。

【译文】铤而走险，惹祸作乱，贪图享受而伤身，为奸作恶而致死，所有这些伤生害命的事，君子都深感可惜。

忠诚孝敬而遭陷害，履行仁义而获罪责，舍生忘死以保家卫国，在这些事情上，即使丢了性命，君子也认为死得其所。

山涛悬丝

山涛，西晋时期著名文学家，同时也是一位廉洁清正的官员。

陈郡人袁毅曾做县令，送给山涛一百斤上等蚕丝。山涛不愿违背当时的风气，就收下来藏在阁子上。后来袁毅恶迹败露，被廷尉治罪。山涛就把蚕丝拿出来交给官府，上面尽管积满了灰尘，但印封却完好如初。众人不禁钦佩山涛为官清廉，因而尊称其为“悬丝尚书”。

典故解析

堕甑叔达，发瓮钟离。

——《龙文鞭影·四支》

【译文】瓦罐掉在地上，看也不看就走是东汉人孟敏；通过看悬瓮文字，知道有人私藏玉璧是东汉人钟离意。

【典故背景】

堕甑叔达：东汉孟敏，字叔达，生性刚直有决断力。一次他手上用以煮饭的瓦器掉在地上摔碎了，孟敏看也不看一眼就走了。这一幕碰巧被大儒郭林宗看见了，就问他缘故。孟敏说："甑已破矣，视之何益？"郭林宗感到十分惊讶，他认为孟敏绝非常人，于是就劝他出外游学。孟敏听从了郭林宗的建议，十年后果然学有所成，名满天下。后来朝廷以三公之位相召，他都不去。甑：音 [zèng]，古代用来蒸饭的瓦器。

发瓮钟离：东汉人钟离意为鲁相，曾私人出钱给户曹孔䜣 [yín] 修孔子庙。有个叫张伯的人在堂下除草，得到玉璧七枚藏起一枚，向钟离意报告得到六枚。碰巧钟离意看到堂下有个悬瓮，就问孔䜣，孔䜣答道：这是夫子瓮，后面有朱砂写成的文字。钟离意于是就去看瓮上文字，只见上面写道："后世修吾书，董仲舒；获吾车，拭吾履，发吾留，会稽钟离意。璧有七，张伯藏其一。"于是追问张伯是否有其事？张伯果然心服。

三元及第才千顷，一品当朝禄万钟。
花萼楼间，仙李盘根调国脉；
沉香亭畔，娇杨擅宠起边风。

——《笠翁对韵·二冬》

【找一找】

1．“才”和“禄”后面还可以用哪些词来形成对仗？

2．“三元及第”和“一品当朝”描述了哪两种人？试用不同的词表达相同的意思并形成对仗。

【名联赏析】

水能性淡为吾友；
竹解心虚是我师。

——陈元龙自题联

康熙二十四年（1685），一甲进士出身的陈元龙一度官拜工部尚书，行走南书房；后调任礼部，司掌一国之礼仪，可谓位高权重，然而他却毫不自满。水性甘于淡薄，竹子心虚有节。陈元龙以水为友，以竹为师，只两句话，已看到了他明澈的本心。

旧时月色话醇雅

姜夔[kuí]字尧章，号白石道人，饶州鄱阳（今江西省鄱阳县）人。南宋文学家、音乐家。他多才多艺，精通音律，擅诗词，然而一生孤贫未仕，辗转江湖之间。

很少有人能够像姜夔这样对诗词、散文、书法、音乐等如此全面地擅，人们称其为苏轼之后又一难得的艺术全才。然而与苏轼的世家出身、李清照大半生的闲适优渥不同，姜夔这样一位才华横溢的文学家，却一生窘迫，甚至只能靠撰文卖字或者朋友接济过活。

因此，姜夔的创作题材更为广泛，涵盖感时、抒怀、咏物、写景、记游、节序、交游、酬赠等多个方面。尤为难得的是，他从不因流落江湖的困顿生活而忘记君国天下。即便描写自己漂泊羁旅的生活、抒发自己不得用世的苦闷心境，姜夔也是以超然脱俗、飘然不群，有如孤云野鹤一般的情怀娓娓道来。

姜夔、史达祖、吴文英、王沂孙、周密、张炎等人代表的醇雅派是南宋后期最大词派。醇雅派又称雅正派，以“中正平和”之音，“典雅纯正”之辞净化词作，一洗婉约派的华艳轻浮，具有用韵精密清越，格调高雅幽洁，笔力清健冷隽的风格。

诗词鉴赏

扬州慢

南宋·姜夔

淳熙丙申至日，予过维扬[①]。夜雪初霁，荠麦弥望[②]。入其城，则四顾萧条，寒水自碧。暮色渐起，戍角悲吟，余怀怆然。感慨今昔，因自度此曲。千岩老人以为有《黍离》之悲也[③]。

淮左名都[④]，竹西佳处，解鞍少驻初程[⑤]。过春风十里，尽荠麦青青。自胡马窥江去后[⑥]，废池乔木，犹厌言兵。渐黄昏，清角吹寒，都在空城。

杜郎俊赏[⑦]，算而今、重到须惊。纵豆蔻词工，青楼梦好，难赋深情。二十四桥仍在，波心荡、冷月无声。念桥边红药，年年知为谁生！

【注释】①维扬：即扬州（今属江苏）。②弥望：满眼。③千岩老人：南宋诗人萧德藻，字东夫，自号千岩老人。黍离：《诗经·王风》篇名。据说周平王东迁后，周朝大夫经过西周故都，看见宗庙毁坏，尽为禾黍，彷徨不忍离去，遂作此诗。后以“黍离之悲”，表达故国之思。④淮左名都：指扬州。⑤少：稍稍。⑥胡马窥江：指金兵入侵长江流域，洗劫扬州。⑦杜郎：即杜牧。

【译文】

淳熙年丙申月冬至日，我经过扬州。一夜大雪过后，天气放晴，一路上满眼都是疯长的荠麦，不见人烟。进入扬州城，更是一片萧条，人迹全无。天色渐晚，城中号角声起，听得我内心悲凉。因慨叹扬州今昔之巨变，故作此曲。千岩老人认为这首词蕴含《黍离》之思。

扬州城中，竹西亭下，解下马鞍稍做停留。往昔十里春风一派繁荣景色，如今眼前都是荠麦。金兵入侵之后，池苑荒废，乔木毁败，至今仍不愿提及旧日用兵之事。天渐黄昏，号角响起在这劫后余生的扬州城。

杜牧见识卓越，若重来此地，必也吃惊。即使词语精巧、意境美好，恐怕也很难表达出深厚感情。二十四桥仍在，桥下江水荡漾，冷月无声。想想那桥边芍药，年复一年，花谢花开，却无人欣赏，不免悲从中来。

【诗在说什么】

这首词作于扬州，作者姜夔目睹锦绣扬州因战乱而萧条，抚今追昔，满腹凄凉无以排遣，遂自吟咏，寄托山河残破的哀思。

这首词最显著的创作特点就是将浓厚的感情倾注于景物描写之中，所有的景物都围绕着统一的主题“黍离之悲”来写。扬州的春风十里如今满目疮痍，一念及此，读者不禁跟随着作者的思维，陷入对家国劫难的哀伤。

【想一想】

1. 这首词的词眼是哪个字？词中哪些句子与其相呼应？

2. 这首词虚实结合写出了扬州昔盛今衰的巨大变化，找出相对应的句子进行赏析。

【学以致用】

请根据学过的内容，把下面的空白补充完整。

1. ________________，________________，解鞍少驻初程。

2. 二十四桥仍在，________________、________________。

盲人走路

【道具】眼罩。

【玩法】

游戏中，参赛选手分成两组，其中一组先蒙上眼睛，扮演“盲人”；另外一组扮演“领路人”。“领路人”不能说话，不能全程用手牵领“盲人”前行，只能通过简单的肢体接触方式让对方到达指定地点。第一轮游戏结束后，两组成员角色互换，重复游戏并最后分享感受。

【思考】

1. 作为领导者，你如何设立规则，协调蒙眼者和未蒙眼者的关系？

2. 作为未蒙眼者你如何领导盲人达到目标？

3. 作为盲人你如何通过语言之外的东西了解别人的意图？

【启示】

游戏中，参赛者能否心无旁骛地坚定对“领路人”的信心，是获胜的关键。引导学生领悟：在学习和生活中，目标明确，不存私心杂念，才能与人为善，才能不断提升自己。

画理漫谈

孔子和弟子子夏曾有一段基于绘画的讨论，孔子说“绘事后素”，文简义丰的四个字给了子夏和后人无限启迪，就此可见夫子实在是深谙作画之道的。

所谓“绘事后素”，就是作画时，最后在需要展现白色的地方敷白，以起到提亮的作用。因孔子时代的画作一般绘于绢帛之上，而当时的丝织漂染工艺不足以制作出纯白如雪的绢帛，所以需要表现白色的地方，只能在画好画之后额外敷一层白色颜料。汉代，纸张发明的初期依然是米黄色或草白色的，因此作画时依然需要“后素”。经历隋唐到了宋明，无论纸张还是绢帛都可以制造得非常洁白，而仍有许多画家钟爱“后素”的绘画技法。比如明宪宗时期大名鼎鼎的画家唐伯虎，就喜欢在画美人的时候，在额头、鼻子、下巴这三个地方敷白粉，而这也成了鉴别唐伯虎画作的标志性特点之一。

与“留白”从一开始就不曾着笔不同，“后素”是设色之后又点白。就如同人之于世，总是经历过惊涛波澜，才懂得平淡安宁的可贵，总是看尽繁华喧嚣，才知道天真淳朴是多么值得珍惜。绚烂夺目的画作中最后加上的一抹白色，那是由矫揉回归自然，满眼只见“返璞归真”。

第九单元

循欲忘理即为

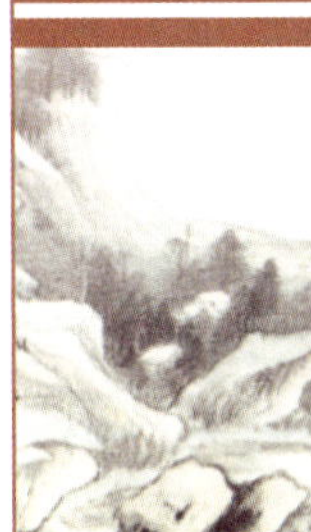

单元导读

子都命偿颖考叔

春秋时期，颖考叔与子都皆为郑庄公心腹爱将。有一次，庄公准备出兵伐许，分授兵器时二人因争夺一辆兵车发生冲突。最终颖考叔更胜一筹夺得兵车，子都无可奈何，怀恨于心。攻打许国时，郑国军队越战越勇，颖考叔拿着庄公帅旗，奋不顾身地跳上城楼。见此一幕，子都心怀嫉恨，拔箭射向颖考叔，颖考叔应箭倒地而亡。

看到此情此景，郑国的士兵大吃一惊，心内恐惧，败下阵来。多亏郑国猛将瑕叔盈挺身而出，他取了帅旗，跳上城楼，喊道："主公登城了！"郑国士兵才重振士气，攻破城池。

获胜后，大家纷纷议论：认为颖考叔所中之箭是从背后射入，应是自己人放箭！庄公听了之后，心里知道只有子都会做此事，便对士兵说："颖考叔为国尽忠，有人暗害于他，必受神明惩罚！"

子都听了后非常惶恐，自杀谢罪。

循欲忘理即为耻

【释析】"仁"是人生而为人的道理，圣贤长葆此理，鄙夫恒失此理。孔子说："道二而已，仁或不仁。"出仁即入于不仁，我们在修养中能不谨慎吗？若我们能以"入不仁"为耻，则是"知耻"的大者；能如此，则可日进乎高明了。

隋·杨广

人物简介

隋炀帝杨广（569—618），隋文帝次子，隋朝第二位皇帝。在位期间开创科举制，修建大运河，营建东都、迁都洛阳，对后世颇有影响。然而频繁发动战争，加之滥用民力，致使民变频起。造成天下大乱，直接导致了隋朝的覆亡。

罄南山之竹，书罪未穷；
决东海之波，流恶难尽。

——隋·祖君彦《为李密檄洛州文》

隋炀帝亡国

隋炀帝杨广在位时，为满足其骄奢淫逸的生活，在各地大修宫殿。其中著名的有显仁宫、西苑等。西苑在洛阳之西，周围二百余里，苑内有人工湖。隋炀帝常在月夜带宫女数千人骑马游西苑，令宫女演奏《清夜游》曲，弦歌达旦。隋炀帝游江都时，率领诸王、百官、后妃、宫女等数十万人，船队长达二百余里，所经州县，五百里内都要贡献食物，挥霍浪费的情况十分严重。隋炀帝的穷奢极欲导致民不聊生，各处人民起义造反，直接导致了隋朝的灭亡。

大篆

小篆

隶书

楷书

《说文解字》:“欲，贪欲也。从欠，谷声。”

【字源分析】大篆中的“欲”，象人站在高而深的山谷边叹气的样子，喻示欲壑难填。

【本　　义】欲望。

【引 申 义】爱好；色欲；需要。

金文

小篆

隶书

楷书

《说文解字》："奸衺[xié]也。韩非曰：'苍颉作字，自营为厶。'凡厶之属皆从厶。"

【字源分析】金文"厶"字背曲回环、下部略大，有私藏之意。"厶"在六书为指事字。

【本　　义】自私。与"公"相对。

【引 申 义】奸邪；个人的；自己的。

利令智昏

鄙语曰："利令智昏。平原君贪冯亭邪说，使赵陷长平四十余万众，邯郸几亡。"

——《史记 · 平原君虞卿列传》

【释义】智：神智。因贪图私利而使头脑发昏，不辨是非，忘乎所以。

俗话说："贪图私利就会不辨是非，忘乎所以。平原君贪图冯亭的小便宜，而招致长平之战赵军全军覆没的大祸，赵国几乎都要灭亡了。"

【找一找】

下面成语，哪些是"利令智昏"的近义词？哪些是"利令智昏"的反义词？

见利忘义	安贫乐道	见钱眼开
利欲熏心	安分守己	见利思义

【组词】

根据提示，把下面的空白填充完整。

（　）贫（　）道　　（　）分（　）己　　见（　）忘（　）

孟子

梁惠王曰："寡人愿安承教[1]。"

孟子对曰："杀人以梃与刃[2]，有以异乎？"

曰："无以异也。"

"以刃与政，有以异乎？"

曰："无以异也。"

曰："庖有肥肉[3]，厩有肥马[4]，民有饥色，野有饿莩，此率兽而食人也。兽相食，且人恶之[5]。为民父母，行政不免于率兽而食人，恶在其为民父母也[6]？仲尼曰：'始作俑者[7]，其无后乎！'为其象人而用之也。如之何其使斯民饥而死也？"

——《梁惠王章句上》

【注释】①安：踏踏实实地。②梃[tǐng]：木棒。③庖[páo]：厨房。④厩[jiù]：马栏。⑤且人恶[wù]之：按现在的词序，应是"人且

恶之”。且，尚且。⑥恶 [wū]：疑问副词。⑦俑 [yǒng]：古代陪葬用的土偶、木偶。

【译文】

梁惠王说：“我很乐意听您的指教。”

孟子回答说：“用木棒打死人和用刀子杀死人有什么不同吗？”

梁惠王说：“没有什么不同。”

孟子又问：“用刀子杀死人和用政治害死人有什么不同吗？”

梁惠王回答：“没有什么不同。”

孟子于是说：“厨房里有肥嫩的肉，马房里有健壮的马，可是老百姓面带饥色，野外躺者饿死的人。这等于是在上位的人率领着野兽吃人啊！野兽自相残杀，人尚且厌恶它；作为老百姓的父母官，主持政治，却不免于率领野兽来吃人，那又怎么能够做老百姓的父母官呢？孔子说：‘最初采用土偶木偶陪葬的人，该是会断子绝孙吧！’这不过是因为土偶木偶模拟活人而用来陪葬罢了。用木偶土偶来陪葬尚且不可，又怎么可以使老百姓活活地饿死呢？”

【解读】

作为一国之君，未必都有“率兽食人”的想法。然而，他们为满足一己私欲，忘记其治国理政的初衷，结果就往往沦落到“率兽食人”的地步，这不可不引起当政者的警惕。孟子谆谆告诫梁惠王的正是这个道理，其爱民之心溢于言表。

围炉夜话

风俗日趋于奢淫①，靡所底止②，安得有敦古朴之君子③，力挽江河④；

人心日丧其廉耻，渐至消亡，安得有讲名节之大人⑤，光争日月。

【注释】①奢淫：奢侈放纵。②靡所底止：没有止境。③安：如何。君子：有才德的人。④力挽江河：大力改变现有的不良现象。⑤名节：名誉和气节。大人：这里意同君子。

【译文】社会风气越来越趋向奢侈淫靡，没有终极的迹象，怎样才能求得敦厚古朴的君子们，来拯救这江河日下的局面；世人心中的廉明羞耻在渐渐丧失，到了消亡的程度，何时能够出现德行高尚的人们，像日月之光一样普照世间。

颜氏家训

夫学者所以求益耳。见人读数十卷书，便自高大，凌忽长者，轻慢同列；人疾之如仇敌，恶之如鸱枭[①]。如此以学自损，不如无学也。

【注释】鸱 [chī] 枭 [xiāo]：古人对猫头鹰的称呼。

【译文】我们为学的目的在于修养身心，提高自己。有人读了几本书后，就自高自大起来，目无尊长，看不起朋友，结果所有人都厌恶他。像这样越学越退步的人，还不如不学。

酒池肉林

商纣王是商朝的末代帝王，他整日胡作非为，不尽心朝政，是中国历史上有名的暴君。为了惩罚那些反对他的人，他采取了很多残酷的刑法。他还轻信宠妃妲己的谗言，过着荒淫无耻的生活。不仅如此，纣王还大兴土木，建造了许多华丽的宫室。耗费了大量的人力物力财力，加重了人民的负担。

纣王的生活非常糜烂，他还下令在沙丘平台用酒灌满池子，把各种肉食一块块挂起来，由于数量太大，看上去就像树林子一般，这就是所谓的“酒池肉林”。纣王的暴行导致天下大乱，最后商朝就在他手里灭亡了。

恺崇斗富，浑濬争功。

——《龙文鞭影 · 一东》

【译文】王恺和石崇比斗富有，王浑和王濬争夺功劳。

【典故背景】

恺崇斗富：西晋后将军王恺和散骑常侍石崇常常比富。王恺用糖刷锅，石崇就用蜡烛作柴火；王恺做了紫丝布步障，长度四十里，石崇就做锦步障，长度五十里。晋武帝曾经赐给王恺一株珊瑚树，高二尺多，枝干交错，世所罕见。王恺拿给石崇看，石崇便用铁如意把珊瑚树砸碎，并且说："不足多恨，今还卿。"于是取出自己的珊瑚树，高三四尺的有六七株，像王恺珊瑚树那么高的就更多了。王恺于是怅然若失。

浑濬争功：王浑，字玄冲；王濬，字士治。公元 279 年，二人一同率军攻打东吴。王濬作战英勇果断，从武昌顺流而下，一举攻破吴都建康（今南京），吴主孙皓归降。次日，王浑方才渡江，他嫉妒王濬夺得头功，反告王濬不受节制。王濬也表示不服，二人争功不止。

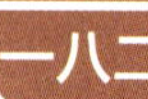

格律赏析

清对淡，薄对浓。暮鼓对晨钟。
山茶对石菊，烟锁对云封。
金菡萏，玉芙蓉。绿绮对青锋。
早汤先宿酒，晚食继朝饔 [yōng]。

——《笠翁对韵·二冬》

【找一找】

1.“绿绮”“青锋”分别是什么？请根据这两种器物创作一副七言对联。

2.“金菡萏”“玉芙蓉”说的是在什么样的季节发生了什么事？请用对联的方式表述，看谁对得最工整。

【名联赏析】

不要钱原非易事；
太要好也是私心。

——《兰亭集序》集字联

这副对联是历来书法家必藏的佳句妙语。这一联近乎白话，但却在平实中透出人生至理，更难得的是对仗工整、朗朗上口，读来令人会心一笑。

《虞美人》中的故国记忆

春花秋月何时了，往事知多少？小楼昨夜又东风，故国不堪回首月明中。

雕栏玉砌应犹在，只是朱颜改。问君能有几多愁，恰似一江春水向东流。

李煜，李后主，南唐最后的君王，宋太祖赵匡胤封他“违命侯”。前人写李后主的诗中说道：“作个才人真绝代，可怜薄命作君王”。的确如此，作为一个喜欢诗词音律，爱好风花雪月的艺术家，李煜在那个千里烽烟的年代成了亡国之君，几乎是必然。可是作为一代词人，他给后代留下许多惊天地、泣鬼神的血泪文字，千古传唱不衰。

这首《虞美人》就是其中最为人所熟知的一篇。相传当时李煜作为失国之君，被宋太宗幽囚在小楼里，遥望故国，无限叹惋。七月七日，李煜生日的当晚，他在寓所让原来宫中的旧人弹奏，演唱《虞美人》词。其中“故国”一句，被宋太宗听到后非常生气。于是，命秦王赵廷美赐牵机药，将李煜毒死，《虞美人》也成了李后主的绝命词。

诗词鉴赏

喜迁莺

北宋·晏殊

花不尽，柳无穷，应与我情同。
觥船一棹百分空[①]，何处不相逢。
朱弦悄，知音少，天若有情天亦老[②]。
劝君看取利名场，今古梦茫茫。

【注释】①觥 [gōng] 船：觥，大酒杯。觥船，即指载满酒的船。此句出自唐人杜牧《题禅院》："觥船一棹百分空，十岁青春不负公。"一棹 [zhào]：船桨一只。②"天若"一句：出自唐代李贺《金铜仙人辞汉歌》："衰兰送客咸阳道，天若有情天亦老。"

【译文】

花开不尽，杨柳无穷，与我此时情感相同。饮一大杯美酒，叹：人生何处不相逢。

琴弦声悄，只因知音人少，天若有情天亦老。劝君看淡名与利，古今不过梦一场。

【词在说什么】

这是一首赠别词，但一扫离愁别绪的悲苦，予人旷达洒脱之感。

词之上阕，以“花不尽，柳无穷”，寓“人生代代无穷已，江月年年只相似”之感；同时，也表达出“抽刀断水水更流，举杯消愁愁更愁”的依依惜别之情。但“何处不相逢”，冲淡了分别的悲伤，无可奈何中又蕴含着旷达。

词之下阕，“朱弦悄，知音少”，高山流水贵有知音，挚友远去，内心茫然无可排解。但妙在诗人没有停留在离愁别绪、以醉消愁这一层，更劝说友人“劝君看取利名场，今古梦茫茫”，既是对友人的劝解，更是自身的体验与感受。

【想一想】

1.“花不尽”“柳无穷”，运用了什么样的修辞手法？表达了诗人怎样的情感？

2.“何处不相逢”“劝君看取利名场”，是作者对友人的劝慰，这两次劝慰有何不同？

【学以致用】

1. 觥船一棹百分空，________________。

2. 朱弦悄，知音少，________________。

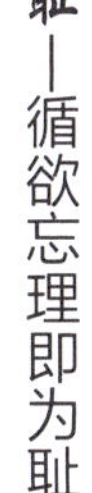

模拟动物的叫声

【玩法】

1. 根据自己姓氏第一个字母对应相应动物：A ~ F 狮子，G ~ L 海豹，M ~ R 猩猩，S ~ Z 热带鸟；

2. 找到对应动物，自选一位同学，彼此看着对方眼睛，目光不能转移，学动物叫，时间持续 10 秒。

【思考】

游戏中，是否感觉好笑又尴尬？体会一下自己和这些动物有什么不同？如果和这些动物互换身份是否愿意？

【启示】

当模拟动物叫时，大部分人会感到尴尬和不适应，是因为大家内心深处都不愿意和动物一样。其实当人只懂得追寻感官欲望时，和动物是没有区别的。所以，人应懂得将游戏中的愧耻之心运用到这里。

假作真时真亦假

《洞天清录》云："悦目初不在色，盈耳初不在声。明窗净几，焚香其中，佳客玉立相映，取古人妙迹图画，以观鸟篆蜗书，奇峰远水；摩挲钟鼎，亲见商周。端砚涌岩泉，焦桐鸣佩玉，不知身居尘世，所谓受用清福，孰有逾此者乎？"赏鉴古物，实是与古人隔空对话，通过眼前有形的器物，回溯古人燕闲的优雅生活。

古物着眼一个"古"字，然而即便是生活在古代的人，也难得遇到一两件上古流传下来的珍玩，于是就有了一种让器物充满古意的行当，谓之"做旧"。

"做旧"最初是对古意和品位的追寻，然而后世却将其发展为以假充真借此牟利的手段。比如将线装书放在灶火出烟处熏黄，再埋在米缸中让虫蛀些洞出来，就变成了古书，以此来冒充"孤本""善本"。或将玉与生铁一起埋在地下潮湿处数年，让锈迹浸染玉器后再挖出来充做古玉。再或者将新琴烤极热之后，忽然将雪盖在琴身之上，琴身漆面就会出现如同古琴一般的牛毛断纹，几可乱真。

“做旧”手法尽管五花八门，却还是有迹可循。比如古书做旧，外观再相似却怎么也去不掉熏烤的烟火气；玉器人为沁色再逼真，也无法如真的古玉一般让那颜色流动于石纹脉理之间；新琴人工制作的断纹再细腻，却也难免漆面断纹处触感粗糙——须知古琴断纹在漆的下面，触手光滑，绝摸不到纹理的。

《郁离子》记载有这样一个故事：有位匠人用上好的桐木精心制作了一张琴。这张琴无论形制、用料、做工、音色都非常完美，然匠人将其带到市场待价而沽，却没有人愿意出个好价钱。匠人伤心之余，便用许多制琴原本不必要的金珠玉石来装饰这张琴，然后又将琴装在琴囊中埋在地下许久，掘出后重新整理，当作古琴来卖。可笑的是，人们纷纷出高价来竞买，最终这张“古琴”得以卖了个好价钱。

只道是“假作真时真亦假”，却不知“无为有处有还无”。倘若不是世人对“假”的追捧超过了对“真”的渴求，“造假”的营生又怎会大行其道？

第十单元

刚大弘毅即为

单元导读

狼瞫践勇

秦晋殽之战，晋国大胜，捕获战俘无数。晋襄公命自己的车右莱驹监斩俘虏。其中有一个俘虏面目狰狞，莱驹斩杀他时，他大吼一声，莱驹大吃一惊，手中兵器掉落地上。狼瞫 [shěn] 见状，认为莱驹胆怯无用，遂上前斩杀俘虏。晋襄公见其勇猛，便任用狼瞫为车右。

但同年，晋国与狄人的箕之战中，中军主将先轸认为狼瞫无勇，将其免职。狼瞫以勇自居，郁结不已。朋友劝他说："何不一死证明勇敢？"狼瞫说："我还没有找到机会。"他的朋友又说："那我们一起杀死先轸，何如？"狼瞫说："不可！杀先轸，不过是泄私愤；死得其所，有益于国，才算得'勇'。"

秦晋彭衙之战，狼瞫带领他部下的少数晋军，突入秦军阵营。秦军大乱，晋军趁势而上，秦军落荒而逃。此役，狼瞫战死，完成了他对"勇"的追求。

刚大弘毅即为勇

【释析】人在修养中常要弘毅并进。若弘而不毅，则失于缺乏规矩而泛滥无依；若毅而不弘，则失于隘陋而心无并包。在圣贤则既有宽宏之量，又有刚大之气。这应当是我们学习的榜样。

西汉·班超

人物简介

班超（32—102），字仲升，扶风郡平陵县（今陕西咸阳东北）人。东汉时期著名军事家、外交家。史学家班彪的幼子，其长兄班固、妹妹班昭也是著名学者。

班超以简，而制三十六国之命，子勇用之而威亦立。

——清 · 王夫之

投笔从戎

班超，汉朝名将。为人有远大志向，不拘小节。

起初，因为家庭贫穷，他为官府抄书挣钱养家。他长期抄写，劳苦不堪。有一次，他停下手中的活儿，扔了笔，感叹道：“大丈夫就算是没有其他志向谋略，也应像昭帝时期的傅介子、武帝时期的张骞那样，怎么可以像现在这样碌碌无为呢？”旁边的人都嘲笑他。班超说：“小人物怎么能了解壮烈之士的志向呢？”

后来他奉命出使西域，最终立了大功，封为定远侯。

追根溯源

金文

小篆

隶书

楷书

《说文解字》:“毅，妄怒也。一曰有决也。从殳 [shū] 豙 [yì] 声。”

【字源分析】“毅”为一形声字。左边“豙”表示它的发声；右边“殳”表意，与武力有关。

【本　　义】坚强；果决。

【引 申 义】勇敢；有魄力；有决断。

甲骨文

金文

小篆

隶书

《说文解字》:“承,奉也,受也。从手卩[jié]廾[gǒng]。”

【字源分析】“承”的甲骨文字形,象双手小心翼翼地捧着一个孩子。

【本　　义】捧着;接受。

【引 申 义】担当;顺从。

子曰：“刚、毅、木、讷近仁。”

——《论语·子路》

【释义】性格刚强，有决断而不多说话。

孔子说：“刚强、果决、朴质而言语不轻易出口，有这四种品德的人近于仁德。”

【找一找】

下面的成语，哪些是“刚毅木讷”的近义词？哪些是“刚毅木讷”的反义词？请把它们找出来。

刚正不阿	光明磊落	阿谀逢迎
巧言令色	趋炎附势	浩然之气

【组词】

根据提示，把下面的空白填充完整。

刚（　）正（　）　　巧（　）令（　）　　光（　）磊（　）

孟子

孟子去齐，充虞路问曰："夫子若有不豫色然[①]。前日虞闻诸夫子曰：'君子不怨天，不尤人[②]。'"

曰："彼一时，此一时也。五百年必有王者兴，其间必有名世者[③]。由周而来，七百有余岁矣。以其数，则过矣；以其时考之，则可矣。夫天未欲平治天下也；如欲平治天下，当今之世，舍我其谁也？吾何为不豫哉？"

——《公孙丑章句下》

【注释】①豫：快乐，愉快。②不怨天，不尤人：这是引孔子的话，见《论语·宪问第十四》。尤，责怪，抱怨。③名世者：有名望而辅佐君王的人。

【译文】

孟子离开齐国，在路上，充虞问道："老师似乎有不快乐的样子。但是，以前我曾听您讲过：'君子不抱怨上天，不责怪别人。'（今天又为什么如此呢？）"

孟子说："那是一个时候，现在又是一个时候，（情况不同啦，从历史上来看）每过五百年一定有位圣君兴起，而且还会有命世之才从其中出来。从周武王以来，到现在已经七百多年了。论年数，超过了五百；论时势，现在正该是圣君贤臣出来的时候了。天不想使天下太平罢了；如果想使天下太平，在今日的社会里，除了我，还有谁呢？我为什么不快乐呢？"

【解读】

孟子离开齐国的感情是"既忧且乐"的。所"忧"者在于王政未能实行，德教未及加于百姓，这是一种发乎于仁心的"恻隐爱人"。所"乐"者，在于认识到这种"忧"并不是由于内在德性不足，而是由外在环境不利所造成的。因此，在孟子，只是顺适地接受这样一种"天命"，即"乐天知命"。此外，"舍我其谁"在表达孟子以天下为己任的担当的同时，见其内省不疚，德性与才能双重充盈流沛的快意和自足。

围炉夜话

世上言乐者，但曰读书乐，田家乐；可知务本业者[①]，其境常安。

古之言忧者，必曰天下忧，廊庙忧[②]；可知当大任者，其心良苦。

【注释】①务本业：指专心从事自己的职业或专业。②廊庙：本指庙堂，后多指代朝廷或国家政事。

【译文】

世人谈到快乐的事，只说读书求知乐，耕作收获乐，由此可见只要专心从事自己的本业，就会时常处在安乐的境遇中。

古人说到忧心的事，一定是指为天下苍生、国家政事而担忧；由此可知身负重任的人，真是用心甚苦。

颜氏家训

素怯懦者[①]，欲其观古人之达生委命[②]，强毅正直，立言必信，求福不回[③]，勃然奋厉，不可恐慑也。

【注释】①怯懦：柔弱。②达生委命：通达义理，性命相托。③求福不回：出自《诗经·大雅·旱麓》；回，违心，邪僻。

【译文】

性格柔弱的人，要让他多看看古人是如何通达义理、性命相托，如何刚强坚定、正直勇敢，如何出言守信、勇于践行，如何不违祖德、去求福气，然后奋发兴起，不畏恐惧。

直捣黄龙

宋宣和四年（1122），岳飞应召入伍，由于骁勇善战，从一个普通士卒渐渐跃升为将领。岳飞对待部下很宽厚：士卒生病了，他亲自给熬药；士卒战死了，他负责养活家小。他还把朝廷给自己的犒赏一律分给士卒。每次军事行动前，他都要召集将校商量，商定好了才行动，所以即使部队突然遇到敌人，也不会惊慌。但同时，他的军纪却很严明：士兵们不敢拿老百姓的一针一线，更不敢进到百姓家中去打扰。老百姓亲切地把他们称作“岳家军”。

岳家军奋战十余年，收复了大片失地。朱仙镇会战，大破金兀术，金人士气尽丧，宋人锐气高涨，金国占领地区的人民也纷纷起来响应，收复中原指日可待。岳飞高兴地对部下说：“直抵黄龙府，与诸君痛饮尔！”（黄龙府，今吉林农安，当时是金国腹地）

典故解析

乘风宗悫，立雪杨时。

——《龙文鞭影·四支》

【译文】宗悫有乘风破浪的大志，杨时等候老师直到门外雪深一尺。

【典故背景】

乘风宗悫[què]：宗悫，字元干，南朝宋孝文帝时人。年轻时，叔父宗炳问他的志向，宗悫答道："愿乘长风破万里浪。"后宗悫官任豫州太守，说："得一州如斗大，何足展吾志？"后又官至振武将军，率军破林邑。城破之后，珍宝堆积如山，宗悫秋毫不犯。后宗悫被封为"洮阳侯"。

立雪杨时：杨时，字中立，北宋南剑州将乐（今福建南平）人。《宋史·杨时传》载：杨时四十多岁时曾与游酢拜见程颐，程颐正在瞑目而坐，杨时不敢打扰，久立不去。等程颐察觉时，门外已雪深一尺，二人还立在那里。后来杨时历官浏阳、余杭、萧山等地，都取得了不菲的政绩。

格律赏析

唐库金钱能化蝶，延津宝剑会成龙。
巫峡浪传，云雨荒唐神女庙；
岱宗遥望，儿孙罗列丈人峰。

——《笠翁对韵·二冬》

【找一找】

1.“巫峡”一联关乎许多人事，你读到这一联时能想到哪些典故？试用对联表述。

2. 将“唐库”一联的下联换掉重对，看谁对得最工整。

【名联赏析】

愿乘风破万里浪；
甘面壁读十年书。

——孙中山自题联

这一联妙就妙在上下联都是先写行动，紧接着给出行动背后的原因。“乘风”是为了万里破浪，“面壁”是为了苦读十年。其中“万里”“十年”又表达了心中宏愿不易实现以及其甘愿为之努力的决心，这与孙中山先生的人生经历相符，读来倍觉铿锵。

感雁而作

大雁是“五常之鸟”，身具“仁”“义”“礼”“智”“信”五种品德，而且是对伴侣矢志不渝的忠贞之鸟。歌颂大雁的词中，最有名的当属元好问这首《摸鱼儿》。

作者在自序中说，金章宗泰和五年（1205），他去并州赴试的路上，见到一个人捕捉到了一只大雁杀掉，另一只大雁哀鸣着不肯离开自己的伴侣，最后居然从高空俯冲到地上而死。元好问震惊于大雁的忠贞，于是买下死雁葬在了汾水之滨，还用石头堆起了坟墓，取名“雁丘”，当时同行的人都为这件事感动，纷纷赋诗填词纪念此事，元好问于是创作了这首《摸鱼儿》：

问世间，情是何物，直教人生死相许？天南地北双飞客，老翅几回寒暑。欢乐趣，离别苦，就中更有痴儿女。君应有语，渺万里层云，千山暮雪，只影向谁去？

横汾路，寂寞当年箫鼓，荒烟依旧平楚。招魂楚些何嗟及，山鬼暗啼风雨。天也妒，未信与，莺儿燕子俱黄土。千秋万古，为留待骚人，狂歌痛饮，来访雁丘处。

满江红·怒发冲冠

南宋·岳飞

怒发冲冠，凭栏处、潇潇雨歇[1]。抬望眼，仰天长啸，壮怀激烈。三十功名尘与土，八千里路云和月。莫等闲[2]、白了少年头，空悲切。

靖康耻，犹未雪。臣子恨，何时灭！驾长车，踏破贺兰山缺。壮志饥餐胡虏肉，笑谈渴饮匈奴血。待从头收拾旧山河，朝天阙[3]！

【注释】①潇潇：形容雨势急骤。②等闲：轻易，随便。③朝天阙：朝见皇帝。天阙，本指宫殿前的楼观，此指皇帝生活的地方。

【译文】

怒发冲冠，斜倚栏杆，疾风骤雨刚刚停歇。抬头望，仰天长啸，壮怀激烈。三十年丰功伟绩视如尘土，转战南北、征战千里，只有浮云与明月。莫虚度时光，白了少年头，空留悔恨与遗憾。

靖康年，奇耻大辱，至今犹未洗雪。臣子的愤恨，何时才能消

除！驾着战车，踏破敌人的营垒！同仇敌忾的将士们一起吃着敌人的肉，谈笑风生喝着敌人的血。我要重整旗鼓，收复山河，再向皇帝朝拜！

【词在说什么】

这首词，激扬的爱国之心跃然纸上。上阕壮志凌云气盖山河，下阕屡出奇语，一片壮怀喷薄倾吐。然碧血丹心，一腔忠魂，却壮志难酬。但在最后，金人陷入困境之时，设奸计，使宋室自坏长城。“莫须有”千古冤狱，闻者发指，家国复旧岂可望哉？不免为其深深叹息！

【想一想】

1.“靖康耻”指的是什么事件？

2.《满江红》表达了诗人怎样的情感？

【学以致用】

1. ____________________，八千里路云和月。

2. 莫等闲、____________________，空悲切！

3. ____________________，笑谈渴饮匈奴血。

互动游戏

跳跃游戏

【道具】粉笔，垫子。

【玩法】

1. 在学校操场，用粉笔在地上画两道有距离的平行线；
2. 平行线距离半米左右，每个同学都从这头跳到那头；
3. 两条线之间叠放三个垫子，再次让同学们跳跃；
4. 跳跃完成后，总结得失。

【思考】

1. 加了垫子之后你跳过去了吗？
2. 想一想没有跳过去的原因是什么？
3. 怎样才能跳过去？

【启示】

同样的距离，粉笔线时大家都能跳过去；换成垫子，有一定高度后，许多同学客观上能跳过去，但主观上却蹦不过去。试想换成深沟，大部分人都不一定能跳过去。同样的距离，不同的结果，是因为心理上的畏难情绪。心有畏惧，就做不到刚强果决，身体技能也因此衰退，从而导致失败。

治玉之论

《诗经·淇奥》中描写，在河湾翠竹茂盛之处，有一位令人一见难忘的君子，他完善自己的学业和品德如同治玉一般切磋琢磨。想来，这应是古代诗歌中最令人倾慕的君子形象了。

华夏民族对玉情有独钟。玉质地坚硬，温润而有光彩，然而它的美质都包藏在石头中，有经验的匠人才能分辨何为璞玉，何为顽石。璞玉不藏于深土，而是在靠近河源的山间激流之中。河水湍急，采玉不易，人们就在水势稍缓的中下游捞取璞玉。

玉的外层有坚硬石层，因此里面藏的玉究竟品质如何，无法一眼看出来。故此总需要经过切削和打磨，褪尽顽石，始现良玉。这个过程中，璞玉的体积大量损耗，而要想变成莹润美丽的玉器，还要经过后续不断的雕琢、打磨、抛光，这个漫长而痛苦的过程最后成就了玉是否“成器”。可以说，决定玉器价值最重要的是两点：其一，玉本身的品质决定了它可否制成玉器或制作成何种玉器；其二，切削打磨是否得法，决定了玉器最终是否可用。就如同一个人，即便天资聪颖仍要不断学习知识，完善品格，勇于直面并摒除自己的缺点，通过世事不断历练，终成温润练达的谦谦君子。

“瞻彼淇奥，绿竹猗猗。有匪君子，如切如磋，如琢如磨。瑟兮僩 [xiàn] 兮，赫兮咺 [xuān] 兮。有匪君子，终不可谖 [xuān] 兮。”

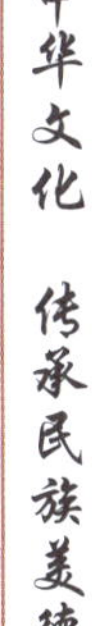

第一单元

孟子

孟子曰：“子路，人告之以有过，则喜。禹闻善言，则拜。大舜有大焉，善与人同，舍己从人，乐取于人以为善。自耕稼、陶、渔以至为帝，无非取于人者。取诸人以为善，是与人为善者也，故君子莫大乎与人为善。”

——《公孙丑章句上》

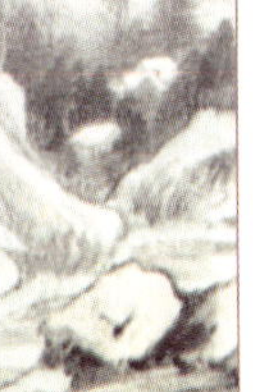

围炉夜话

见人行善，多方赞成；见人过举，多方提醒，此长者待人之道也。

闻人誉言，加意奋勉；闻人谤语，加

yì jǐng tì, cǐ jūn zǐ xiū jǐ zhī gōng yě
意警惕，此君子修己之功也。

yán shì jiā xùn
颜氏家训

yǔ shàn rén jū, rú rù zhī lán zhī shì, jiǔ ér zì fāng
与善人居，如入芝兰之室，久而自芳
yě; yǔ è rén jū, rú rù bào yú zhī sì, jiǔ ér zì chòu
也；与恶人居，如入鲍鱼之肆，久而自臭
yě
也。

lóng wén biān yǐng · bā qí
龙文鞭影·八齐

wǔ wáng guī mǎ, péi dù huān xī
武王归马，裴度还犀。

lì wēng duì yùn · yī dōng
笠翁对韵·一东

tiān duì dì, yǔ duì fēng. dà lù duì cháng kōng. shān huā
天对地，雨对风。大陆对长空。山花
duì hǎi shù, chì rì duì cāng qióng. léi yǐn yǐn, wù méng méng.
对海树，赤日对苍穹。雷隐隐，雾蒙蒙。
rì xià duì tiān zhōng. fēng gāo qiū yuè bái, yǔ jì wǎn xiá hóng.
日下对天中。风高秋月白，雨霁晚霞红。

mù lán huā
木兰花

sòng · sòng qí
宋·宋祁

dōng chéng jiàn jué fēng guāng hǎo, hú zhòu bō wén yíng kè zhào.
东城渐觉风光好，縠皱波纹迎客棹。

lǜ yáng yān wài xiǎo hán qīng　hóng xìng zhī tóu chūn yì nào
绿杨烟外晓寒轻，红杏枝头春意闹。
fú shēng cháng hèn huān yú shǎo　kěn ài qiān jīn qīng yī xiào
浮生长恨欢娱少，肯爱千金轻一笑。
wèi jūn chí jiǔ quàn xié yáng　qiě xiàng huā jiān liú wǎn zhào
为君持酒劝斜阳，且向花间留晚照。

dì èr dān yuán
第二单元

mèng zǐ
孟子

mèng zǐ wèi sòng gōu jiàn yuē　zǐ hǎo yóu hū　wú yǔ zǐ yóu　rén zhī zhī　yì xiāo xiāo　rén bù zhī　yì xiāo xiāo
孟子谓宋勾践曰：“子好游乎？吾语子游：人知之，亦嚣嚣；人不知，亦嚣嚣。”

yuē　hé rú sī kě yǐ xiāo xiāo yǐ
曰：“何如斯可以嚣嚣矣？”

yuē　zūn dé lè yì　zé kě yǐ xiāo xiāo yǐ　gù shì qióng bù shī yì　dá bù lí dào　qióng bù shī yì　gù shì dé jǐ yān　dá bù lí dào　gù mín bù shī wàng yān　gǔ zhī rén　dé zhì　zé jiā yú mín　bù dé zhì　xiū shēn xiàn yú shì　qióng zé dú shàn qí shēn　dá zé jiān shàn tiān xià
曰：“尊德乐义，则可以嚣嚣矣。故士穷不失义，达不离道。穷不失义，故士得己焉；达不离道，故民不失望焉。古之人，得志，泽加于民；不得志，修身见于世。穷则独善其身，达则兼善天下。”

jìn xīn zhāng jù shàng
——《尽心章句上》

wéi lú yè huà

围炉夜话

chuān xué hǎi ér zhì hǎi, gù móu dào zhě, bù kě yǒu zhǐ xīn. yǒu fēi miáo ér sì miáo, gù qióng lǐ zhě, bù kě wú zhēn jiàn.

川学海而至海，故谋道者，不可有止心。莠非苗而似苗，故穷理者，不可无真见。

yán shì jiā xùn

颜氏家训

xué zhě yóu zhòng shù yě, chūn wán qí huá, qiū dēng qí shí; jiǎng lùn wén zhāng, chūn huā yě; xiū shēn lì xíng, qiū shí yě.

学者犹种树也，春玩其华，秋登其实；讲论文章，春华也；修身利行，秋实也。

lóng wén biān yǐng · sān jiāng

龙文鞭影·三江

dài shēng dú bù, xǔ zǐ wú shuāng.

戴生独步，许子无双。

lì wēng duì yùn · yī dōng

笠翁对韵·一东

niú nǚ èr xīng hé zuǒ yòu, shēn shāng liǎng yào dǒu xī dōng. shí yuè sài biān, sà sà hán shuāng jīng shù lǚ; sān dōng jiāng shàng, màn màn shuò xuě lěng yú wēng.

牛女二星河左右，参商两曜斗西东。十月塞边，飒飒寒霜惊戍旅；三冬江上，漫漫朔雪冷渔翁。

qìn yuán chūn gū guǎn dēng qīng
沁园春·孤馆灯青

běi sòng sū shì
北宋·苏轼

gū guǎn dēng qīng yě diàn jī háo lǚ zhěn mèng cán
孤馆灯青，野店鸡号，旅枕梦残。
jiàn yuè huá shōu liàn chén shuāng gěng gěng yún shān chī jǐn zhāo
渐月华收练，晨霜耿耿；云山摛锦，朝
lù tuán tuán shì lù wú qióng láo shēng yǒu xiàn sì cǐ qū qū
露漙漙。世路无穷，劳生有限，似此区区
cháng xiǎn huān wēi yín bà píng zhēng ān wú yǔ wǎng shì qiān
长鲜欢。微吟罢，凭征鞍无语，往事千
duān
端。

dāng shí gòng kè cháng ān sì èr lù chū lái jù shào nián
当时共客长安，似二陆初来俱少年。
yǒu bǐ tóu qiān zì xiōng zhōng wàn juàn zhì jūn yáo shùn cǐ shì
有笔头千字，胸中万卷；致君尧舜，此事
hé nán yòng shě yóu shí xíng cáng zài wǒ xiù shǒu hé fáng xián
何难。用舍由时，行藏在我，袖手何妨闲
chù kàn shēn cháng jiàn dàn yōu yóu zú suì qiě dǒu zūn qián
处看。身长健，但优游卒岁，且斗尊前。

dì sān dān yuán
第三单元

mèng zǐ
孟子

mèng zǐ yuē bó yí fēi qí jūn bú shì fēi qí
孟子曰：“伯夷，非其君不事，非其

友不友。不立于恶人之朝，不与恶人言。立于恶人之朝，与恶人言，如以朝衣朝冠坐于涂炭。推恶恶之心，思与乡人立，其冠不正，望望然去之，若将浼焉。是故诸侯虽有善其辞命而至者，不受也。不受也者，是亦不屑就已。柳下惠，不羞污君，不卑小官。进不隐贤，必以其道。遗佚而不怨，阨穷而不悯。故曰：‘尔为尔，我为我，虽袒裼裸裎于我侧，尔焉能浼我哉？’故由由然与之偕而不自失焉，援而止之而止。援而止之而止者，是亦不屑去已。”孟子曰：“伯夷隘，柳下惠不恭。隘与不恭，君子不由也。”

——《公孙丑章句上》

孟子曰：“仲尼不为已甚者。”

——《离娄章句下》

wéi lú yè huà
围炉夜话

yán jìn hū jīn, rán yán shì zhèng qì, jīn shì guāi qì, gù chí shēn guì yán ér bù kě jīn.

严近乎矜，然严是正气，矜是乖气，故持身贵严而不可矜。

qiān sì hū chǎn, rán qiān shì xū xīn, chǎn shì mèi xīn. gù chǔ shì guì qiān ér bù kě chǎn.

谦似乎谄，然谦是虚心，谄是媚心。故处世贵谦而不可谄。

yán shì jiā xùn
颜氏家训

fán wéi wén zhāng, yóu rén chéng qí jì, suī yǒu yì qì, dāng yǐ xián lè zhì zhī, wù shǐ liú luàn guǐ zhú, fàng yì tián kēng àn yě.

凡为文章，犹人乘骐骥，虽有逸气，当以衔勒制之，勿使流乱轨躅，放意填坑岸也。

lóng wén biān yǐng · yì dōng
龙文鞭影·一东

tián jiāo pín jiàn, zhào bié cí xióng.

田骄贫贱，赵别雌雄。

lì wēng duì yùn · yī dōng
笠翁对韵·一东

hé duì hàn, lǜ duì hóng. yǔ bó duì léi gōng. yān lóu

河对汉，绿对红。雨伯对雷公。烟楼

duì xuě dòng yuè diàn duì tiān gōng yún ài dài rì tóng méng
对雪洞，月殿对天宫。云叆叇，日曈曚。
là jī duì yú péng guò tiān xīng sì jiàn tǔ pò yuè rú gōng
蜡屐对渔篷。过天星似箭，吐魄月如弓。

bǔ suàn zǐ yǒng méi
卜算子·咏梅

nán sòng lù yóu
南宋·陆游

yì wài duàn qiáo biān jì mò kāi wú zhǔ yǐ shì huáng hūn
驿外断桥边，寂寞开无主。已是黄昏
dú zì chóu gèng zhuó fēng hé yǔ
独自愁，更著风和雨。

wú yì kǔ zhēng chūn yī rèn qún fāng dù líng luò chéng
无意苦争春，一任群芳妒。零落成
ní niǎn zuò chén zhǐ yǒu xiāng rú gù
泥碾作尘，只有香如故。

dì sì dān yuán
第四单元

mèng zǐ
孟子

mèng zǐ wèi wàn zhāng yuē yī xiāng zhī shàn shì sī yǒu
孟子谓万章曰：“一乡之善士斯友
yī xiāng zhī shàn shì yī guó zhī shàn shì sī yǒu yī guó zhī shàn
一乡之善士，一国之善士斯友一国之善
shì tiān xià zhī shàn shì sī yǒu tiān xià zhī shàn shì yǐ yǒu tiān
士，天下之善士斯友天下之善士。以友天

xià zhī shàn shì wéi wèi zú，yòu shàng lùn gǔ zhī rén。sòng qí
下之善士为未足，又尚论古之人。颂其
shī，dú qí shū，bù zhī qí rén，kě hū？shì yǐ lùn qí
诗，读其书，不知其人，可乎？是以论其
shì yě。shì shàng yǒu yě。”
世也。是尚友也。”

wàn zhāngzhāng jù xià
——《万章章句下》

wéi lú yè huà
围炉夜话

zǐ yáng bǔ dà xué gé zhì zhī zhāng，kǒng rén wù rù xū wú，ér bì shǐ zhī jí wù qióng lǐ，suǒ yǐ wéi zhèng jiào yě。
紫阳补大学格致之章，恐人误入虚无，而必使之即物穷理，所以维正教也。

yáng míng qǔ mèng zǐ liáng zhī zhī shuō，kǒng rén tú shì jì sòng，ér bì shǐ zhī fǎn jǐ xǐng xīn，suǒ yǐ jiù mò liú yě。
阳明取孟子良知之说，恐人徒事记诵，而必使之反己省心，所以救末流也。

yán shì jiā xùn
颜氏家训

fú suǒ yǐ dú shū xué wèn，běn yù kāi xīn míng mù，lì yú xíng ěr。wèi zhī yǎng qīn zhě，yù qí guān gǔ rén zhī xiān yì chéng yán，yí shēng xià qì，bú dàn qú láo，yǐ zhì gān ruǎn，tì rán cán jù，qǐ ér xíng zhī yě。
夫所以读书学问，本欲开心明目，利于行耳。未知养亲者，欲其观古人之先意承颜，怡声下气，不惮劬劳，以致甘腝，惕然惭惧，起而行之也。

lóng wén biān yǐng · sì zhī
龙文鞭影·四支

néng wén cáo zhí, shàn biàn zhāng yí
能文曹植，善辩张仪。

lì wēng duì yùn · yī dōng
笠翁对韵·一东

yì lǚ kè féng méi zǐ yǔ, chí tíng rén yì ǒu huā fēng
驿旅客逢梅子雨，池亭人挹藕花风。

máo diàn cūn qián, hào yuè zhuì lín jī chàng yùn; bǎn qiáo lù shàng, qīng shuāng suǒ dào mǎ xíng zōng
茅店村前，皓月坠林鸡唱韵；板桥路上，青霜锁道马行踪。

yǒng yù lè · jīng kǒu běi gù tíng huái gǔ
永遇乐·京口北固亭怀古

nán sòng · xīn qì jí
南宋·辛弃疾

qiān gǔ jiāng shān, yīng xióng wú mì, sūn zhòng móu chù
千古江山，英雄无觅，孙仲谋处。

wǔ xiè gē tái, fēng liú zǒng bèi, yǔ dǎ fēng chuī qù. xié yáng cǎo shù, xún cháng xiàng mò, rén dào jì nú céng zhù. xiǎng dāng nián, jīn gē tiě mǎ, qì tūn wàn lǐ rú hǔ
舞榭歌台，风流总被，雨打风吹去。斜阳草树，寻常巷陌，人道寄奴曾住。想当年，金戈铁马，气吞万里如虎。

yuán jiā cǎo cǎo, fēng láng jū xū, yíng dé cāng huáng běi gù. sì shí sān nián, wàng zhōng yóu jì, fēng huǒ yáng zhōu lù
元嘉草草，封狼居胥，赢得仓皇北顾。四十三年，望中犹记，烽火扬州路。

kě kān huí shǒu, fó lí cí xià, yí piàn shén yā shè gǔ. píng shuí wèn: lián pō lǎo yǐ, shàng néng fàn fǒu
可堪回首，佛狸祠下，一片神鸦社鼓。凭谁问：廉颇老矣，尚能饭否？

第五单元

孟子

滕文公为世子，将之楚，过宋而见孟子。孟子道性善，言必称尧舜。

世子自楚反，复见孟子。孟子曰："世子疑吾言乎？夫道一而已矣。成覸谓齐景公曰：'彼，丈夫也；我，丈夫也；吾何畏彼哉？'颜渊曰：'舜，何人也？予，何人也？有为者亦若是。'公明仪曰：'文王，我师也；周公岂欺我哉？'今滕，绝长补短，将五十里也，犹可以为善国。《书》曰：'若药不瞑眩，厥疾不瘳。'"

——《滕文公章句上》

围炉夜话

wéi lú yè huà

tiān dì shēng rén, dōu yǒu yī gè liáng xīn; gǒu sàng cǐ liáng xīn, zé rén qù qín shòu bù yuǎn yǐ.

天地生人，都有一个良心；苟丧此良心，则人去禽兽不远矣。

shèng xián jiào rén, zǒng shì yī tiáo zhèng lù; ruò shě cǐ zhèng lù, zé cháng xíng jīng jí zhī zhōng yǐ.

圣贤教人，总是一条正路；若舍此正路，则常行荆棘之中矣。

颜氏家训

yán shì jiā xùn

jūn zǐ dāng shǒu dào chóng dé, xù jià dài shí, jué lù bù dēng, xìn yóu tiān mìng.

君子当守道崇德，蓄价待时，爵禄不登，信由天命。

龙文鞭影·二冬

lóng wén biān yǐng · èr dōng

yuè yáng qī zǎi, fāng shuò sān dōng.

乐羊七载，方朔三冬。

笠翁对韵·一东

lì wēng duì yùn · yī dōng

shān duì hǎi, huà duì sōng. sì yuè duì sān gōng. gōng huā duì jìn liǔ, sài yàn duì jiāng lóng. qīng shǔ diàn, guǎng hán gōng.

山对海，华对嵩。四岳对三公。宫花对禁柳，塞雁对江龙。清暑殿，广寒宫。

拾翠对题红。庄周梦化蝶，吕望兆飞熊。

渔家傲·塞下秋来风景异

北宋·范仲淹

塞下秋来风景异，衡阳雁去无留意。四面边声连角起。千嶂里，长烟落日孤城闭。

浊酒一杯家万里，燕然未勒归无计。羌管悠悠霜满地。人不寐，将军白发征夫泪！

第六单元

孟子

孟子谓蚳蛙曰："子之辞灵丘而请士师，似也，为其可以言也。今既数月矣，未可以言与？"

chí wā jiàn yú wáng ér bú yòng zhì wéi chén ér qù qí
蚳蛙谏于王而不用，致为臣而去。齐
rén yuē suǒ yǐ wèi chí wā zé shàn yǐ suǒ yǐ zì wèi
人曰：“所以为蚳蛙则善矣；所以自为，
zé wú bù zhī yě
则吾不知也。”

gōng dū zǐ yǐ gào
公都子以告。

yuē wú wén zhī yě yǒu guān shǒu zhě bù dé qí
曰：“吾闻之也：有官守者，不得其
zhí zé qù yǒu yán zé zhě bù dé qí yán zé qù wǒ wú
职则去；有言责者，不得其言则去。我无
guān shǒu wǒ wú yán zé yě zé wú jìn tuì qǐ bú chuò chuò
官守，我无言责也，则吾进退，岂不绰绰
rán yǒu yú yù zāi
然有余裕哉？”

gōng sūn chǒu zhāng jù xià
——《公孙丑章句下》

wéi lú yè huà
围炉夜话

gǔ rén bǐ fù zǐ wéi qiáo zǐ bǐ xiōng dì wéi huā è
古人比父子为桥梓，比兄弟为花萼，
bǐ péng yǒu wéi zhī lán dūn lún zhě dāng jí wù qióng lǐ yě
比朋友为芝兰。敦伦者，当即物穷理也。

jīn rén chēng zhū shēng yuē xiù cái chēng gòng shēng yuē míng
今人称诸生曰秀才，称贡生曰明
jīng chēng jǔ rén yuē xiào lián wéi shì zhě dāng gù míng sī yì
经，称举人曰孝廉。为士者，当顾名思义
yě
也。

颜氏家训

人生在世，会当有业：农民则计量耕稼，商贾则讨论货贿，工巧则致精器用，伎艺则沈思法术，武夫则惯习弓马，文士则讲议经书。

龙文鞭影·一东

倚闾贾母，投阁扬雄。

笠翁对韵·一东

北牖当风停夏扇，南帘曝日省冬烘。鹤舞楼头，玉笛弄残仙子月；凤翔台上，紫箫吹断美人风。

dìng fēng bō · mò tīng chuān lín dǎ yè shēng
定风波·莫听穿林打叶声

běi sòng · sū shì
北宋·苏轼

sān yuè qī rì shā hú dào zhōng yù yǔ。 yǔ jù xiān qù，tóng xíng jiē láng bèi，yú dú bù jué。 yǐ ér suì qíng，gù zuò cǐ cí。
三月七日沙湖道中遇雨。雨具先去，同行皆狼狈，余独不觉。已而遂晴，故作此词。

mò tīng chuān lín dǎ yè shēng，hé fáng yín xiào qiě xú xíng。zhú zhàng máng xié qīng shèng mǎ，shuí pà？yī suō yān yǔ rèn píng shēng。
莫听穿林打叶声，何妨吟啸且徐行。竹杖芒鞋轻胜马，谁怕？一蓑烟雨任平生。

liào qiào chūn fēng chuī jiǔ xǐng，wēi lěng，shān tóu xié zhào què xiāng yíng。huí shǒu xiàng lái xiāo sè chù，guī qù，yě wú fēng yǔ yě wú qíng。
料峭春风吹酒醒，微冷，山头斜照却相迎。回首向来萧瑟处，归去，也无风雨也无晴。

dì qī dān yuán
第七单元

mèng zǐ
孟子

mèng zǐ zì qí zàng yú lǔ，fǎn yú qí，zhǐ yú yíng。
孟子自齐葬于鲁，反于齐，止于嬴。

chōng yú qǐng yuē qián rì bù zhī yú zhī bú xiào shǐ
充虞请曰："前日不知虞之不肖，使
yú dūn jiàng shì yán yú bù gǎn qǐng jīn yuàn qiè yǒu qǐng
虞敦匠事。严，虞不敢请，今愿窃有请
yě mù ruò yǐ měi rán
也：木若以美然。"

yuē gǔ zhě guān guǒ wú dù zhōng gǔ guān qī cùn
曰："古者棺椁无度，中古棺七寸，
guǒ chèn zhī zì tiān zǐ dá yú shù rén fēi zhí wèi guān měi
椁称之。自天子达于庶人，非直为观美
yě rán hòu jìn yú rén xīn bù dé bù kě yǐ wéi yuè
也，然后尽于人心。不得，不可以为悦；
wú cái bù kě yǐ wéi yuè dé zhī wéi yǒu cái gǔ zhī rén
无财，不可以为悦。得之为有财，古之人
jiē yòng zhī wú hé wéi dú bù rán qiě bǐ huà zhě wú shǐ tǔ
皆用之，吾何为独不然？且比化者无使土
qīn fū yú rén xīn dú wú xiào hū wú wén zhī jūn zǐ bù
亲肤，于人心独无恔乎？吾闻之：君子不
yǐ tiān xià jiǎn qí qīn
以天下俭其亲。"

gōng sūn chǒu zhāng jù xià
——《公孙丑章句下》

wéi lú yè huà
围炉夜话

dài rén yí kuān wéi dài zǐ sūn bù kě kuān xíng lǐ yí
待人宜宽，惟待子孙不可宽。行礼宜
hòu wéi xíng jià qǔ bú bì hòu
厚，惟行嫁娶不必厚。

yán shì jiā xùn
颜氏家训

èr qīn jì mò, xiōng dì xiāng gù, dāng rú xíng zhī yǔ yǐng, shēng zhī yǔ xiǎng; ài xiān rén zhī yí tǐ, xī jǐ shēn zhī fēn qì, fēi xiōng dì hé niàn zāi?

二亲既殁，兄弟相顾，当如形之与影，声之与响；爱先人之遗体，惜己身之分气，非兄弟何念哉？

lóng wén biān yǐng · sì zhī
龙文鞭影·四支

bó yú qì zhàng, mò dí bēi sī.

伯俞泣杖，墨翟悲丝。

lì wēng duì yùn · èr dōng
笠翁对韵·二冬

chén duì wǔ, xià duì dōng. xià xiǎng duì gāo chōng. qīng chūn duì bái zhòu, gǔ bǎi duì cāng sōng. chuí diào kè, hè chú wēng. xiān hè duì shén lóng. fèng guān zhū shǎn shuò, chī dài yù líng lóng.

晨对午，夏对冬。下饷对高舂。青春对白昼，古柏对苍松。垂钓客，荷锄翁。仙鹤对神龙。凤冠珠闪烁，螭带玉玲珑。

秋波媚

七月十六晚登高兴亭望长安南山

南宋·陆游

秋到边城角声哀，烽火照高台。悲歌击筑，凭高酹酒，此兴悠哉！

多情谁似南山月，特地暮云开。灞桥烟柳，曲江池馆，应待人来。

第八单元

孟子

孟子曰：“伯夷，目不视恶色，耳不听恶声。非其君，不事；非其民，不使。治则进，乱则退。横政之所出，横民之所止，不忍居也。思与乡人处，如以朝衣朝冠坐于涂炭也。当纣之时，居北海之滨，

yǐ dài tiān xià zhī qīng yě. gù wén bó yí zhī fēng zhě, wán fū
以待天下之清也。故闻伯夷之风者，顽夫
lián, nuò fū yǒu lì zhì."
廉，懦夫有立志。”

wàn zhāngzhāng jù xià
——《万章章句下》

wéi lú yè huà
围炉夜话

cū lì néng gān, bì shì yǒu wéi zhī shì. fēn huá bù
粗粝能甘，必是有为之士。纷华不
rǎn, fāng chēng jié chū zhī rén.
染，方称杰出之人。

yán shì jiā xùn
颜氏家训

shè xiǎn wèi zhī tú, gān huò nán zhī shì, tān yù yǐ shāng
涉险畏之途，干祸难之事，贪欲以伤
shēng, chán tè ér zhì sǐ, cǐ jūn zǐ zhī suǒ xī zāi;
生，谗慝而致死，此君子之所惜哉；
xíng chéng xiào ér jiàn zéi, lǚ rén yì ér dé zuì, sàng shēn
行诚孝而见贼，履仁义而得罪，丧身
yǐ quán jiā, mǐn qū ér jì guó, jūn zǐ bú jiù yě.
以全家，泯躯而济国，君子不咎也。

lóng wén biān yǐng · sì zhī
龙文鞭影·四支

duò zèng shū dá, fā wèngzhōng lí.
堕甑叔达，发瓮钟离。

lì wēng duì yùn · èr dōng

笠翁对韵·二冬

sān yuán jí dì cái qiān qǐng, yì pǐn dāng cháo lù wàn zhōng.
三元及第才千顷，一品当朝禄万钟。
huā è lóu jiān, xiān lǐ pán gēn tiáo guó mài; chén xiāng tíng pàn,
花萼楼间，仙李盘根调国脉；沉香亭畔，
jiāo yáng shàn chǒng qǐ biān fēng.
娇杨擅宠起边风。

yáng zhōu màn

扬州慢

nán sòng · jiāng kuí
南宋·姜夔

chún xī bǐng shēn zhì rì, yú guò wéi yáng. yè xuě chū
淳熙丙申至日，予过维扬。夜雪初
jì, jì mài mí wàng. rù qí chéng, zé sì gù xiāo tiáo, hán
霁，荠麦弥望。入其城，则四顾萧条，寒
shuǐ zì bì, mù sè jiàn qǐ. shù jiǎo bēi yín, yú huái chuàng
水自碧，暮色渐起。戍角悲吟，余怀怆
rán, gǎn kǎi jīn xī, yīn zì dù cǐ qǔ. qiān yán lǎo rén yǐ
然，感慨今昔，因自度此曲。千岩老人以
wéi yǒu 《shǔ lí》 zhī bēi yě.
为有《黍离》之悲也。

huái zuǒ míng dōu, zhú xī jiā chù, jiě ān shǎo zhù chū
淮左名都，竹西佳处，解鞍少驻初
chéng. guò chūn fēng shí lǐ, jìn jì mài qīng qīng. zì hú mǎ kuī
程。过春风十里，尽荠麦青青。自胡马窥
jiāng qù hòu, fèi chí qiáo mù, yóu yàn yán bīng. jiàn huáng hūn,
江去后，废池乔木，犹厌言兵。渐黄昏，
qīng jiǎo chuī hán, dōu zài kōng chéng.
清角吹寒，都在空城。

dù láng jùn shǎng suàn ér jīn chóng dào xū jīng zòng dòu
杜郎俊赏，算而今、重到须惊。纵豆

kòu cí gōng qīng lóu mèng hǎo nán fù shēn qíng èr shí sì qiáo
蔻词工，青楼梦好，难赋深情。二十四桥

réng zài bō xīn dàng lěng yuè wú shēng niàn qiáo biān hóng yào
仍在，波心荡、冷月无声。念桥边红药，

nián nián zhī wèi shuí shēng
年年知为谁生！

dì jiǔ dān yuán
第九单元

mèng zǐ
孟子

liáng huì wáng yuē guǎ rén yuàn ān chéng jiào
梁惠王曰："寡人愿安承教。"

mèng zǐ duì yuē shā rén yǐ tǐng yǔ rèn yǒu yǐ yì
孟子对曰："杀人以梃与刃，有以异

hū
乎？"

yuē wú yǐ yì yě
曰："无以异也。"

yǐ rèn yǔ zhèng yǒu yǐ yì hū
"以刃与政，有以异乎？"

yuē wú yǐ yì yě
曰："无以异也。"

yuē páo yǒu féi ròu jiù yǒu féi mǎ mín yǒu jī
曰："庖有肥肉，厩有肥马，民有饥

sè yě yǒu è piǎo cǐ shuài shòu ér shí rén yě shòu xiāng
色，野有饿莩。此率兽而食人也！兽相

shí qiě rén wù zhī wéi mín fù mǔ xíng zhèng bù miǎn yú
食，且人恶之；为民父母，行政，不免于

shuài shòu ér shí rén wū zài qí wéi mín fù mǔ yě zhòng ní
率兽而食人，恶在其为民父母也？仲尼
yuē shǐ zuò yǒng zhě qí wú hòu hū wèi qí xiàng rén
曰：‘始作俑者，其无后乎！’为其象人
ér yòng zhī yě rú zhī hé qí shǐ sī mín jī ér sǐ yě
而用之也。如之何其使斯民饥而死也？”

liáng huì wáng zhāng jù shàng
——《梁惠王章句上》

wéi lú yè huà
围炉夜话

fēng sú rì qū yú shē yín mí suǒ dǐ zhǐ ān dé yǒu
风俗日趋于奢淫，靡所底止，安得有
dūn gǔ pǔ zhī jūn zǐ lì wǎn jiāng hé
敦古朴之君子，力挽江河。

rén xīn rì sàng qí lián chǐ jiàn zhì xiāo wáng ān dé yǒu
人心日丧其廉耻，渐至消亡，安得有
jiǎng míng jié zhī dà rén guāng zhēng rì yuè
讲名节之大人，光争日月。

yán shì jiā xùn
颜氏家训

fú xué zhě suǒ yǐ qiú yì ěr jiàn rén dú shù shí juàn
夫学者所以求益耳。见人读数十卷
shū biàn zì gāo dà líng hū zhǎng zhě qīng màn tóng liè rén
书，便自高大，凌忽长者，轻慢同列；人
jí zhī rú chóu dí wù zhī rú chī xiāo rú cǐ yǐ xué zì
疾之如仇敌，恶之如鸱枭。如此以学自
sǔn bù rú wú xué yě
损，不如无学也。

lóng wén biān yǐng　yì dōng
龙文鞭影·一东

kǎi chóng dòu fù，hún jùn zhēng gōng。
恺崇斗富，浑濬争功。

lì wēng duì yùn　èr dōng
笠翁对韵·二冬

qīng duì dàn，bó duì nóng。mù gǔ duì chén zhōng。shān chá duì shí jú，yān suǒ duì yún fēng。
清对淡，薄对浓。暮鼓对晨钟。山茶对石菊，烟锁对云封。

jīn hàn dàn，yù fú róng。lǜ qǐ duì qīng fēng。zǎo tāng xiān sù jiǔ，wǎn shí jì zhāo yōng。
金菡萏，玉芙蓉。绿绮对青锋。早汤先宿酒，晚食继朝饔。

xǐ qiān yīng
喜迁莺

běi sòng · yàn shū
北宋·晏殊

huā bú jìn，liǔ wú qióng，yīng yǔ wǒ qíng tóng。gōng chuán yī zhào bǎi fēn kōng，hé chù bù xiāng féng。
花不尽，柳无穷，应与我情同。觥船一棹百分空，何处不相逢。

zhū xián qiāo，zhī yīn shǎo，tiān ruò yǒu qíng tiān yì lǎo。quàn jūn kàn qǔ lì míng chǎng，jīn gǔ mèng máng máng。
朱弦悄，知音少，天若有情天亦老。劝君看取利名场，今古梦茫茫。

dì shí dān yuán

第十单元

mèng zǐ

孟子

mèng zǐ qù qí chōng yú lù wèn yuē fū zǐ ruò yǒu bú yù sè rán qián rì yú wén zhū fū zǐ yuē jūn zǐ bú yuàn tiān bù yóu rén

孟子去齐，充虞路问曰：“夫子若有不豫色然。前日虞闻诸夫子曰：‘君子不怨天，不尤人。’”

yuē bǐ yī shí cǐ yī shí yě wǔ bǎi nián bì yǒu wáng zhě xīng qí jiān bì yǒu míng shì zhě yóu zhōu ér lái qī bǎi yǒu yú suì yǐ yǐ qí shù zé guò yǐ yǐ qí shí kǎo zhī zé kě yǐ fú tiān wèi yù píng zhì tiān xià yě rú yù píng zhì tiān xià dāng jīn zhī shì shě wǒ qí shuí yě wú hé wéi bú yù zāi

曰：“彼一时，此一时也。五百年必有王者兴，其间必有名世者。由周而来，七百有余岁矣。以其数，则过矣；以其时考之，则可矣。夫天未欲平治天下也；如欲平治天下，当今之世，舍我其谁也？吾何为不豫哉？”

gōng sūn chǒu zhāng jù xià

——《公孙丑章句下》

围炉夜话

世之言乐者，但曰读书乐，田家乐。可知务本业者，其境常安。

古之言忧者，必曰天下忧，廊庙忧。可知当大任者，其心良苦。

颜氏家训

素怯懦者，欲其观古人之达生委命，强毅正直，立言必信，求福不回，勃然奋厉，不可恐慑也。

龙文鞭影·四支

乘风宗悫，立雪杨时。

lì wēng duì yùn · èr dōng

笠翁对韵·二冬

táng kù jīn qián néng huà dié, yán jīn bǎo jiàn huì chéng lóng.
唐库金钱能化蝶，延津宝剑会成龙。
wū xiá làng chuán, yún yǔ huāng táng shén nǚ miào; dài zōng yáo wàng,
巫峡浪传，云雨荒唐神女庙；岱宗遥望，
ér sūn luó liè zhàng rén fēng.
儿孙罗列丈人峰。

mǎn jiāng hóng · nù fà chōng guān

满江红·怒发冲冠

nán sòng · yuè fēi
南宋·岳飞

nù fà chōng guān, píng lán chù、xiāo xiāo yǔ xiē. tái
怒发冲冠，凭栏处、潇潇雨歇。抬
wàng yǎn, yǎng tiān cháng xiào, zhuàng huái jī liè. sān shí gōng míng
望眼，仰天长啸，壮怀激烈。三十功名
chén yǔ tǔ, bā qiān lǐ lù yún hé yuè. mò děng xián、bái le
尘与土，八千里路云和月。莫等闲、白了
shào nián tóu, kōng bēi qiè.
少年头，空悲切。

jìng kāng chǐ, yóu wèi xuě. chén zǐ hèn, hé shí miè!
靖康耻，犹未雪。臣子恨，何时灭！
jià zhǎng chē, tà pò hè lán shān quē. zhuàng zhì jī cān hú lǔ
驾长车，踏破贺兰山缺。壮志饥餐胡虏
ròu, xiào tán kě yǐn xiōng nú xuè. dài cóng tóu shōu shí jiù shān
肉，笑谈渴饮匈奴血。待从头收拾旧山
hé, cháo tiān què!
河，朝天阙！